哲学与社会丛书

施特劳斯的诠释学创新

赵 柯 著

上海大学出版社
·上海·

图书在版编目(CIP)数据

施特劳斯的诠释学创新 / 赵柯著. —上海：上海大学出版社，2024.3
（哲学与社会丛书）
ISBN 978-7-5671-4944-1

Ⅰ.①施… Ⅱ.①赵… Ⅲ.①施特劳斯（Strauss, Leo 1899-1973）-阐释学-哲学思想-研究 Ⅳ.①B089.2②B712.59

中国国家版本馆 CIP 数据核字(2024)第 052321 号

责任编辑　位雪燕
封面设计　柯国富
技术编辑　金　鑫　钱宇坤

哲学与社会丛书
施特劳斯的诠释学创新
赵　柯　著
上海大学出版社出版发行
（上海市上大路99号　邮政编码200444）
（https://www.shupress.cn　发行热线 021-66135112）
出版人　戴骏豪

*

南京展望文化发展有限公司排版
商务印书馆上海印刷有限公司印刷　各地新华书店经销
开本 710mm×1000mm 1/16 印张 11.75 字数 170 千
2024 年 3 月第 1 版　2024 年 3 月第 1 次印刷
ISBN 978-7-5671-4944-1/B·147　定价 68.00 元

版权所有　侵权必究
如发现本书有印装质量问题请与印刷厂质量科联系
联系电话：021-56324200

序　言

　　人类正处在历史转折点上。面对百年乃至千年未有之"大变局",面对工业化、机械化向信息化、智能化的变迁,面对文明转型背景下中华民族的伟大复兴,我们蓦然发现,大量前沿性的问题亟待进行批判性反思,许多基础性的问题需要重新进行考量。世界可能会如何变迁？社会应该如何治理？人与社会、人与智能机器人(智能系统)应该构建什么样的关系？我们究竟应该委身于一种什么样的生活？……层出不穷的问题与挑战纷至沓来,要求我们从哲学、社会学等视角进行严肃的审思,为"大变局"中惊慌失措的人们提供安身立命之所。

　　哲学与社会丛书,正是在"大变局"背景下应运而生的。这套丛书由上海大学出版社倾力打造,汇聚了马克思主义哲学、中国哲学、西方哲学、科技哲学、伦理学以及社会学研究领域众多专家学者的最新研究成果。本套丛书不以平铺直叙的知识介绍为己任,而注重问题的研讨、理论的争鸣,试图引导读者一起走进哲学的核心领域,更加自由、更富活力地进行思考,获得深刻的启迪。本套丛书不仅注重理论性,同时也注重实践、关注现实,致力于将哲学中的理论、方法与当今社会生活和现实问题相结合,为人们提供一个更加全面、更加立体的探究空间。因此,策划出版本套丛书,旨在搭建一个开放性、多元化的学术平台,促进思想的交流、碰撞和创新,助力相关学科、相关问题的实质性发展。

　　经过遴选,《他心问题研究》《施特劳斯的诠释学创新》《闵斯特伯格永恒价值论研究》《传统文化视野中的治理思想研究》等四本专著入选本套丛书的首批出版物。这些专著对于各自研究方向的探究和实践,既具有一定的深度,又具有一定的广度,相信对于相关哲学、社会学问题研究会有所裨益。

我们希望,会有更多、更好的作品入选这套丛书。经过一段时间的积累,哲学与社会丛书能够实质性地推动一些重要问题的研讨,为广大作者、读者搭建更好的学术平台,为推动当代中国的哲学与社会学研究做出贡献。

最后,感谢众多专家、学者等各界人士的支持与参与,祝愿哲学与社会丛书能够取得圆满成功!

孙伟平

上海大学伟长学者、特聘教授

目　录

绪论　如何理解施特劳斯的诠释学创新？ …………………………… 1

第一章　施特劳斯重现双重教诲传统 ………………………………… 15
　第一节　双重教诲传统及其消失 …………………………………… 17
　第二节　施特劳斯重现双重教诲传统 ……………………………… 21

第二章　施特劳斯对双重教诲传统的柏拉图式解释 ………………… 29
　第一节　柏拉图的幽灵 ……………………………………………… 31
　第二节　宇宙异质性及哲学的危险处境 …………………………… 35
　第三节　哲人的审慎 ………………………………………………… 43
　第四节　施特劳斯对双重教诲传统的柏拉图式解释 ……………… 51

第三章　施特劳斯的诠释学原则（一）：像作者理解自己一样理解作者
　………………………………………………………………………… 53
　第一节　像作者理解自己一样理解作者 …………………………… 55
　第二节　历史的理解 ………………………………………………… 57
　第三节　施特劳斯的现代性批判 …………………………………… 60

第四章　施特劳斯的诠释学原则（二）：注意作者的写作艺术 ……… 65
　第一节　充分注重字面解读 ………………………………………… 67
　第二节　注意作者的写作艺术 ……………………………………… 69
　第三节　施特劳斯是否受《塔木德》影响：一个初步考察 ……… 79

1

第五章　施特劳斯的政治哲学诠释学 …………………………… 85
　　第一节　关于施特劳斯是否具有诠释学的争论 …………… 87
　　第二节　施特劳斯诠释学的特点：一个比较研究 ………… 88
　　第三节　施特劳斯的政治哲学诠释学 ……………………… 93

第六章　施特劳斯对修昔底德的隐微解读 ………………………… 97
　　第一节　以修昔底德之言理解修昔底德 …………………… 99
　　第二节　论修昔底德的显白教诲 …………………………… 102
　　第三节　论修昔底德的隐微教诲 …………………………… 106
　　第四节　论修昔底德作为一位哲学的历史学家 …………… 109

第七章　施特劳斯对现代自由主义的节制批判 …………………… 113
　　第一节　对施米特的现代自由主义批判的批判 …………… 116
　　第二节　通过霍布斯批判现代自由主义 …………………… 119
　　第三节　通过古代自由主义批判现代自由主义 …………… 123

结语　回归作为创新：施特劳斯的诠释学回归 …………………… 131

附录 ………………………………………………………………… 137
　　论霍布斯的正确理性概念 …………………………………… 139
　　罗尔斯与哈特关于自由及其优先性的对话 ………………… 154

参考文献 …………………………………………………………… 168

后记 ………………………………………………………………… 181

绪 论

如何理解施特劳斯的诠释学创新？

《堂吉诃德》第八章的结尾十分令人困惑。这部作品从"不久以前,有位绅士住在拉·曼却的一个村上"开始讲起,讲这位绅士——堂吉诃德——如何爱看骑士小说,如何受之影响而离乡出行,又如何行侠仗义而被人耻笑痛打(因为尽是瞎帮忙、帮倒忙)。讲到第八章的时候,作品开始讲述堂吉诃德的第二次出行(第一次出行遭受不测之后,堂吉诃德回家休养了半个月)。先讲堂吉诃德如何把风车视为骑士小说中的巨人,并试图与之战斗,但最终被自己的宝马摔得不能动弹,然后讲堂吉诃德如何跟路上偶遇的一行人产生误会,并跟其中的一个侍从打了起来。正讲到堂吉诃德跟这个侍从打得不可开交、双方都有可能被对方一剑劈死的时候,突然冒出了这么一句:"可是偏偏在这个紧要关头,作者突然就停笔了,一场厮杀愣是被劈成了两半,推说堂吉诃德生平事迹的记载只有这么一点。"①读者继续往下读方才恍然大悟,原来作者并不知晓有关堂吉诃德的整个故事,作者是看了一个名叫哈麦德的人写的书,才知道堂吉诃德这个人的这些事。

塞万提斯(Miguel de Cervantes Saavedra)为何不说是"作者"本人撰写了堂吉诃德的故事,而要说"作者"是从哈麦德所撰写的堂吉诃德传记中方才知道了堂吉诃德的故事?对此,俄裔美籍作家博纳科夫(Vladimir Nabokov)有过一种中规中矩的解释。在《〈堂吉诃德〉讲稿》中,博纳科夫漫不经心地说道:"塞万提斯悄悄地采用了另外一个手法,中断的历史只不过是骑士传奇故事的传奇手法……"②由于认为这只是骑士传奇故事惯用的一种手法,因而博纳科夫未作过多的解释。不过,在20世纪德裔美籍政治哲学家施特劳斯(Leo Strauss)看来,这背后却大有深意。

---

① 塞万提斯.堂吉诃德[M].杨绛,译.北京:人民文学出版社,1978:61.
② 博纳科夫.《堂吉诃德》讲稿[M].金绍禹,译.上海:上海三联书店,2007:139.

1939年,施特劳斯在致好友克莱因(Jacob Klein)的一封信件中提到,塞万提斯这样安排是为了说明:此书乃是由两位作者所作,一位是作为基督徒的塞万提斯,另一位是作为穆斯林的哈麦德。但是,施特劳斯进一步提出,塞万提斯说明此书乃是一个基督徒和一个穆斯林所作,实际上是为了暗示,作者实际上既不是基督徒,也不是穆斯林,而是一位哲人。① 施特劳斯这样说道:"作者是哲人,堂吉诃德是宗教创始人,而桑丘·潘是宗教信徒。堂吉诃德的行动全是奇迹……用隐微术才可望弄懂《堂吉诃德》。"②

施特劳斯说《堂吉诃德》是一部隐微之作,读者需借助隐微阅读,方能明了其中的真意,可谓是独树一帜。《堂吉诃德》一开始被认为是一部讲述滑稽故事的喜剧作品,堂吉诃德也被认为是一个逗人发笑的疯子。后来,英国小说家菲尔丁(Henry Fielding)认为堂吉诃德不尽是一个疯癫可笑的人物,还有可敬可爱的一面。英国诗人蒲柏(Alexander Pope)也认为,堂吉诃德不是一个单纯的疯子,而是"最讲道德、最有理性"的疯子。③ 俄罗斯文学家屠格涅夫(Ivan S. Turgenev)更进一步认为,堂吉诃德是一个英雄、一个热心人、一个效忠于理想的人,堂吉诃德不是只为自己而活,而是为他人而活,并对这种利他理想忠诚不移。④ 大抵从19世纪开始,出现了对《堂吉诃德》字里行间的解读,主张《堂吉诃德》并不只是一部单纯的文学作品,而是在字里行间隐藏着作者的深意。葡萄牙历史学家索萨(Faria e Sousa)认为《堂吉诃德》是一部具有现实关怀的作品,表达了对当时西班牙君主制的批评。英国作家笛福(Daniel Defoe)认为《堂吉诃德》是对第七任梅迪纳·西多尼亚公爵(Duke de Medina Sidonia),即西

---

①② 施特劳斯等. 回归古典政治哲学:施特劳斯通信集[M]. 迈尔,编. 朱雁冰,何鸿藻,译. 北京:华夏出版社,2006:306.
③ 塞万提斯. 堂吉诃德[M]. 杨绛,译. 北京:人民文学出版社,1978:7-8. 早在1612年,英国市面上就出现了《堂吉诃德》英译本。英国人谢尔顿(Thomas Shelton)于1607—1611年间把《堂吉诃德》第一部分全部翻译成了英文,后来于1620年把第二部分也翻译成了英文。详见 BARBARUK M. The Long Shadow of Don Quixote[M]. PONIATOWSKA P, trans. New York: Peter Lang, 2015:9.
④ 屠格涅夫. 哈姆雷特和堂吉诃德[M]//屠格涅夫. 屠格涅夫全集:第11卷. 张捷,译. 石家庄:河北教育出版社,2000:183.

班牙无敌舰队总司令古斯曼(Alonso Pérez de Guzmán)的批评。① 但不得不说,鲜有哪个解读者像施特劳斯这样,从"作者隐藏了自己的哲学立场"的角度来解读文本的结构安排以及背后寓意。

施特劳斯对《堂吉诃德》的这种解读,与他对西方哲学史上的双重写作传统或者说显白和隐微写作传统的发现紧密相关。20世纪30年代初,在研究中世纪犹太哲人的过程中,施特劳斯发现,中世纪犹太哲人不像现代启蒙哲人那样,试图用哲学启蒙大众。相反,他们认为,哲学不能外传,由理性获知的真理需要向大众隐藏起来。② 在进一步研究迈蒙尼德(Moses Maimonides)《迷途指津》文学特征的过程中,施特劳斯愈益发现,迈蒙尼德是双重写作的大师,迈蒙尼德在《迷途指津》中的大量陈述不是为了教导真理,而是为了隐藏真理。③ 经由迈蒙尼德,施特劳斯进一步发现,柏拉图、亚里士多德、希罗多德、修昔底德、色诺芬等古代作者以及18世纪后30年之前的现代作者几乎都是双重教诲大师。他们一方面传达显白教诲,另一方面又传达隐微教诲。④ 但是,18世纪之前的哲人为何区分隐微教诲和显白教诲?为何针对不同的受众采用不同的教诲方式?从故纸堆里挖掘出这种双重教诲传统之后,施特劳斯提出了这样的疑问。施特劳斯给出了柏拉图式解释。他说道,哲人之所以区分隐微教诲和显白教诲,是因为社会以意见而非知识为基础。由于哲学的本质是追求知识,探索关于宇宙、自然以及人等万事万物的真理,因而哲学以及由此发展而出的科学,往往会瓦解社会赖以生存的基本要素而危害社会,并对依赖各种意见生活的大众造成伤害。哲人出于审慎而采取一种特殊的写作

---

① GIORGINI M A. The Quixiote Code: Reading Between the Lines of the Cervantes Novel [D]. West Lafayette: Purdue University, 2014: 41-47. DEFOE D. Robinson Crusoe [M]. New York: Oxford University Press, 2007: 265, 307.
② 施特劳斯. 哲学与律法:论迈蒙尼德及其先驱[M]. 黄瑞成,译. 北京:华夏出版社,2012: 84.
③ 施特劳斯.《迷途指津》的文学特性[M]//施特劳斯. 迫害与写作艺术. 刘锋,译. 北京:华夏出版社,2012: 59. 施特劳斯于1938年完成此文,详见:施特劳斯,等. 回归古典政治哲学:施特劳斯通信集[M]. 迈尔,编. 朱雁冰,何鸿藻,译. 北京:华夏出版社,2006: 274.
④ 施特劳斯,等. 回归古典政治哲学:施特劳斯通信集[M]. 迈尔,编. 朱雁冰,何鸿藻,译. 北京:华夏出版社,2006: 281. 施特劳斯. 显白的教诲[C]//施特劳斯. 古典政治理性主义的重生. 潘戈,编. 郭振华,等译. 北京:华夏出版社,2011: 115-116.

方式，表面上呈现有利于社会的显白教诲，只在字里行间隐微地传达哲学教诲，既可以进行哲学上的交流，又不至于对社会和大众造成危害。① 施特劳斯进一步提出，鉴于过去的哲人区分了显白和隐微教诲，因而现代读者在阅读过去的作品时，应留意这种区分，以此才有可能看到哲人的真正教诲，真正地理解以往的哲人。

施特劳斯关于双重教诲传统及注意区分作者显白和隐微教诲的作品于 20 世纪 40 年代初开始正式陆续发表，到五六十年代开始引起较大的关注，特别是涉及诠释主张的那个部分。② 先来看看施特劳斯的双重教诲说及相应诠释主张受到的赞誉。伽达默尔（Hans Georg Gadamer）虽不赞同施特劳斯的诠释主张，即在阅读作品时要注意区分作者的显白和隐微教诲，但认为施特劳斯的双重教诲说"对诠释学作出了重要的贡献"，施特劳斯"探究了一个特别的问题，那就是，在理解文本的过程中，应该在多大程度上考虑作者对真实含义进行了有意识的隐藏"③。科耶夫（Alexandre Kojève）认为，施特劳斯的双重教诲说让人回忆起 19 世纪以来容易被人们遗忘的东西，那就是，"不应该从字面上理解以往伟大作家所写的一切，也不应该相信他们在作品中所公开的一切就是他们内心想说的一切"④。犹太神秘主义思想卡巴拉专家肖勒姆（Gershom Scholem）在论述《托拉》之时透露："施特劳斯贡献了好几本有关双重教诲的重要著作。"⑤ 在获得赞誉和肯定的同时，施特劳斯的双重教诲说及相应诠释主张也受到了较为严厉的批评。塞拜因（George H. Sabine）认为，施特劳斯的诠释方法是一种"对有悖常情的技巧的邀请"，借助此种方

---

① 施特劳斯. 注意一种被遗忘的写作艺术[M]//施特劳斯. 什么是政治哲学. 李世祥，等译. 北京：华夏出版社，2011：215.
② 这里不致力于完整呈现对施特劳斯这些作品的接受史和批评史，只呈现具有代表性的观点。
③ GADAMER H G. Truth and Method[M]. WEINSHEIMER J, MARSHALL D, trans. London: Continuum, 2004: 534.
④ KOJEVE A. The Emperor Julian and His Art of Writing[C]//Ancients and Moderns: Essays on the Tradition of Political Philosophy in Honor of Leo Strauss. NICHOLS J H, Jr, trans. New York: Basic Books, 1964: 95.
⑤ SCHOLEM G. On the Kabbalah and Its Symbolism[M]. New York: Schocken Books, 1965: 51.

法不仅无法恰切地理解政治思想史,还很有可能对过去的思想家产生误解。① 斯金纳(Quentin Skinner)也提出,注重文本本身的诠释学虽然也产生了杰出的解读,但这种解读模式总的说来是一条令人震惊的死路,施特劳斯的方法具有随意性、过度性和抽象性。② 到了八九十年代,德鲁里(Shadia. B. Drury)以及霍姆斯(Stephen Holmes)等相继对施特劳斯的双重教诲说及相应诠释主张提出了批评。德鲁里认为施特劳斯的说法,即哲人因为哲学的破坏作用而不得不区分显白和隐微教诲是一种无稽之谈。德鲁里称,施特劳斯是一位"自有一套不同寻常、令人不安思想的哲学家"③。霍姆斯则是直接把施特劳斯的不同寻常之处归结于施特劳斯的个人经历,认为施特劳斯的说法实质上是由他个人对隐微和迫害的过度迷恋所造成。霍姆斯是这么说的,施特劳斯的这种迷恋"不仅仅根源于学术,还根源于施特劳斯那一代人所经历的悲剧"④。施特劳斯的作品最早于20世纪80年代被引介至国内学界。⑤ 但将近20年后,在21世纪前十年的"施特劳斯热"中,施特劳斯的双重教诲说及相应的诠释主张才受到一定程度的关注。对施特劳斯的双重教诲说及诠释主张的代表性批评之一是,施特劳斯为何要将隐微写作现象昭告于天下,这岂不是与讲究隐

---

① SABINE G H. Review: Persecution and the Art of Writing[J]. Ethics, 1953, 63(3): 220.
② SKINNER Q. Meaning and Understanding in the History of Ideas[J]. History and Theory, 1969, 8(1): 5-21.
③ DRURY S B. The Esoteric Philosophy of Leo Strauss[J]. Political Theory, 1985, 13(3): 315. 曼斯菲尔德(Harvey C. Mansfield)、波考克(J. G. A. Pocock)等人对施特劳斯的解读虽不尽相同,也并不全然同意,但都认为施特劳斯是一位显赫的思想史家。详见: MANSFIELD H C, Jr. Strauss' Machiavelli[J]. Political Theory, 1975, 3(4): 372-384. POCOCK J G A. Prophet and Inquisitor: Or, a Church Built upon Bayonets Cannot Stand: A Comment on Mansfield's "Strauss's Machiavelli"[J]. Political Theory, 1975, 3(4): 385-401. 但是,德鲁里否定了这种观点。
④ HOLMES S. The Anatomy of Antiliberalism[M]. Cambridge: Harvard University Press, 1993: 86.
⑤ 据现有资料,最早被引介到国内学界的是施特劳斯的《什么是政治哲学》(杨怀生节译,载《现代政治思想:关于领域、价值和趋向的问题》,商务印书馆,1985)和《政治哲学史》(李天然等译,河北人民出版社,1993)。详见高山奎. 施特劳斯思想二十年研究述评(1990—2010)[J]. 社会科学评论,2010;高山奎. 略论"西学中国化"进程中的"施特劳斯热"及其思想论争[J]. 现代外国哲学,2020(1):261.

蔽操作的隐微精神背道而驰。①

面对德鲁里等人对施特劳斯双重教诲说的批评,也有学者进行了平心静气的探讨。梅尔泽(Arthur Melzer)在施特劳斯的思想遗产受到质疑的年代写了一本关于西方隐微写作传统的大部头著作《字里行间的哲学:被遗忘的隐微写作史》(2014)。其中,梅尔泽用大量的材料证明,在19世纪以前,西方哲人确实如施特劳斯所说的那样实践隐微写作,且隐微写作确实极为流行。梅尔泽指出,比如,在由狄德罗和其他法国启蒙运动先驱所编写的《百科全书》中,有不少于28条条目提到了隐微写作传统。"显白的和隐微的"这条条目就明确指出:"古代的哲人具有双重教义,一种是外在的、公开的、显白的教义,一种是内在的、隐秘的、隐微的教义。"②当然,不仅古代哲人采取隐微手法,现代哲人也采取隐微手法。正如狄德罗在写给荷兰美学家赫姆斯特豪斯(François Hemsterhuis)的信中所列举的一个反例所示:"只有一位现代作者把话说得清清楚楚,不兜什么圈子,但他几乎是个无名之辈。"③通过说明隐微写作确实存在、不是施特劳斯所杜撰之外,梅尔泽也对施特劳斯重现隐微写作传统的意图进行了较为冷静的分析。梅尔泽提出,施特劳斯基于对前现代经典文本的学术性研究而重新发现了隐微写作传统,施特劳斯重提这种传统只是与他对西方误入歧途的现代性的批判紧密相关。④ 陈建洪教授在《论施特劳斯》一书中对施特劳斯的双重教诲说进行了适宜的探讨,并表明,施特劳斯揭示隐微写作现象,并对这一现象进行哲学的解释,并不是源于施特劳斯个人的人生经历,而是源于施特劳斯对政治哲学的根本性思考。简要地说,哲学是对真知和智慧的追求,政治哲学是对政治知识和智慧的追求。政治哲学既然追求关于政治事务的真知和智慧,便不会满足于关于

---

① 吴冠军.日常现实的变态核心[M].北京:新星出版社,2006:169-170.
② MELZER A M. Philosophy Between the Lines: the Lost History of Esoteric Writing [M]. Chicago: The University of Chicago Press, 2014: xi.
③ MELZER A M. Philosophy Between the Lines: the Lost History of Esoteric Writing [M]. Chicago: The University of Chicago Press, 2014: 15.
④ MELZER A M. Philosophy Between the Lines: the Lost History of Esoteric Writing [M]. Chicago: The University of Chicago Press, 2014: 326.

政治事务的日常意见。但日常意见是社会生活的基础和根本,因而试图超越日常意见的政治哲学必然会触及社会生活的基础。这样一来,就有必要考虑,如何在顾及政治哲学根本的同时顾及社会生活的根本。毕竟,没有社会生活的土壤,政治哲学就无从谈起。① 双重写作很好地解决了这个问题,它兼顾了哲学意义上的至善和政治意义上的良善。一方面,哲人可以继续探索真知。另一方面,又可以避免向大多数人不合时宜地传递深奥、颠覆性的哲学教诲而顾及社会生活的安危。② 不过,这里没有进一步明确指出,施特劳斯对双重教诲传统进行了柏拉图式解释。本书后面将对此展开说明。

面对塞拜因和斯金纳等人对施特劳斯诠释主张的批评,国外一些学者特别是施特劳斯的弟子和再传弟子等进行了辩护。20 世纪 70 年代,布鲁姆(Allan Bloom)在纪念施特劳斯的悼文中提到,得益于重新发现双重写作传统,施特劳斯发现了古典,发现了理解以往哲人的另一种方法。施特劳斯逐渐挣脱了现代学术的束缚,挣脱了历史主义的束缚,看到了哲人内心的真实想法。③ 后来,20 世纪 90 年代,康托(Paul A. Cantor)首次从诠释学的角度探讨了施特劳斯的诠释主张,并把施特劳斯关于如何阅读过去作品的说法上升到了诠释思想的高度。康托提出,施特劳斯的诠释思想对现代诠释学起了一个很好的平衡作用,施特劳斯的主张"像作者理解自己一样理解作者"有效地抵抗了现代诠释学企图抹平阅读与误读之区别的危险倾向。④ 20 世纪初,朗佩特(Laurence Lampert)提出,施特劳斯是第一个阐明隐微写作为何不可避免的思想家,也是第一个透露隐微写作技巧到底是什么的思想家。作为开创者,施特劳斯证明过去的作品有显白和隐微教诲之分。⑤ 前些年,扎克特伉俪(Catherine Zuckert &

---

① 陈建洪. 论施特劳斯[M]. 上海:华东师范大学出版社,2015:43 - 44.
② 陈建洪. 论施特劳斯[M]. 上海:华东师范大学出版社,2015:48 - 50.
③ BLOOM A. Leo Strauss[J]. Political Theory,1974,2(4):383 - 386.
④ CANTOR P A. Leo Strauss and Contemporary Hermeneutics [C]//Leo Strauss's Thought:Toward a Critical Engagement. Boulder:Lynne Rienner Publishers,1991:267.
⑤ LAMPERT L. How Philosophy Became Socratic:A Study of Plato's Protagoras, Charmides,and Republic[M]. Chicago:The University of Chicago Press,2010:15.

施特劳斯的诠释学创新

Michael Zuckert)再次从诠释学的角度探讨了施特劳斯的诠释思想。但与之前的讨论者有所不同的是,两者首先开创性地把施特劳斯关于双重写作传统以及区分显白和隐微教诲的诠释主张的说法称为施特劳斯的隐微说(esotericism thesis)。① 然后,在此基础上提出,施特劳斯的诠释实践包含三个主张,分别是融合哲学与历史、像作者理解自己一样理解作者,以及注意作者的"写作艺术"。② 两者表明,施特劳斯的诠释实践并不是如斯金纳所批评的那样,是完全脱离历史知识的文本研究,也不是如有些批评家所批评的那样,是单纯主观性的研究。

不过,上述学者的回应和辩护似乎并不具有多少说服力,仍有不少学者对施特劳斯注意区分作者显白和隐微教诲的诠释主张持怀疑态度,甚至加以揶揄嘲讽。布劳(Adrian Blau)严厉地批评道,施特劳斯实际上并不是发现了哲人的真实教诲,而只是想当然地认为自己所理解的就是哲人的真实教诲。简而言之,施特劳斯的诠释过于主观和专断。布劳提出,施特劳斯区分显白和隐微教诲的诠释主张犯了认识论上的幼稚病。首先,施特劳斯对自己的结论过于确定。其次,施特劳斯对结论的证明不够充分。只要可以找到证据证明自己的结论,施特劳斯就不再进行其他必要的考察。施特劳斯通常都是提出某个假设,把它作为事实,然后到文本中去寻找相应的证据。只要能够找到可以证明这个假设成立的证据,不管它是否充分,施特劳斯就认为自己的结论是成立的。③ 布劳模仿施特劳斯在《关于马基雅维利的思考》(Thoughts on Machiavelli)中的诠释方法,专门写了一篇文章《关于霍布斯的思考》(Thoughts on Hobbes)来讽刺施特劳斯的诠释方法之荒谬。布劳写道:"霍布斯为何没有关于音乐的著作?我们应该如何理解霍布斯对音乐的沉默?书名可能透露了作者的意图。在霍布斯的书中,只有两本书的书名只有一个单词,那就是《利维坦》(Leviathan)和《比

---

① ZUCKERT C, ZUCKERT M. The Truth about Leo Strauss[M]. Chicago: The University of Chicago Press, 2006: 120 – 124, 138 – 139, 181.
② ZUCKERT C, ZUCKERT M. Strauss: Hermeneutics or Esotericism? [C]//MALPAS J, GANDER H H, eds. The Routledge Companion to Hermeneutics. New York: Taylor & Francis Group, 2015: 127 – 136.
③ BLAU A. Anti-Strauss[J]. The Journal of Politics, 2012, 74(1): 142 – 144.

希摩斯》(*Behemoth*)。《利维坦》共 5 章,《比希摩斯》共 4 章。取前一个单词中的 5 个字母,后一个单词中的 4 个字母,组合起来就是贝多芬(Beethoven)。所以,霍布斯实际上提到了贝多芬。但是,我们还要找其他的暗示。"①布劳表示,瞧! 施特劳斯对马基雅维利的诠释,就是这般荒诞!

施特劳斯基于对双重教诲传统的发现而提出要注意区分作者的显白教诲和隐微教诲。在施特劳斯的诠释主张问题上,正方的赞扬美誉和反方的批评嘲讽都值得考量和商榷。一方面,施特劳斯的诠释方法或者说隐微解读法到底在多大程度上揭示出了以往哲人的真实想法,实际上很难说。至少,施特劳斯对大多数政治哲人的解读,并没有颠覆我们对这些哲人的已有认知。另一方面,要说施特劳斯的隐微解读法在很大程度上是主观随意、荒诞可笑的,也有欠考虑。毕竟,施特劳斯的隐微解读法有其特定的前提和基础、特定的原则和方法,不是想怎么用就怎么用。本书旨在表明,施特劳斯的隐微解读法更多的是提供了阅读以往著作的另一种原则和方法,而不是对已有的阅读方法提出了挑战。这种方法不管正确与否,都值得我们仔细考量一番。正如施特劳斯自己所说的那样,他旨在让人留意进入早期文献的某种进路,不是说这种进路必然正确,而是相信这种进路值得去考量。② 从"这种进路值得考量"这样的前提出发,本书试图把施特劳斯的隐微解读法作为一种正儿八经的诠释方法,把与此相关的思想作为一种诠释学思想来进行考察,以此来探讨施特劳斯的诠释学创新。

对于施特劳斯的隐微解读法,除了康托将之上升到诠释思想的高度,还鲜有学者从诠释学的角度进行考察。一方面,德鲁里和霍姆斯等对施特劳斯所谓的哲学与社会之间的永恒紧张不屑一顾;另一方面,斯金纳、塞拜因、波考克、布鲁姆、朗佩特等,都只是就施特劳斯的解读法谈施特劳斯的解读法。扎科特伉俪虽然提出了"施特劳斯的诠释主张是诠释学还

---

① BLAU A. Anti-Strauss[J]. The Journal of Politics,2012,74(1):152-153.
② 施特劳斯."迫害与写作艺术"讲稿笔记[C]//施特劳斯.苏格拉底问题与现代性:施特劳斯讲演与论文集:卷二. 刘小枫,编. 刘振,彭磊,等译. 北京:华夏出版社,2016:43-44.

是隐微主义"的问题,但并没有大胆地对这个问题作出明确的回答。但不管从哪个方面而言,施特劳斯的隐微解读法都可以说是一种诠释学。西方诠释学经历了较为漫长的发展过程。在一开始,诠释学仅指关于《圣经》解释方法的理论。到了18世纪,随着古典语文学的出现,解释《圣经》的方法被应用于对古典文本的解读,诠释学变成了关于一般语文学的方法论。再后来,施莱尔马赫(Friedrich Schleiermacher)提出诠释学应该是"一般诠释学"。作为一种理解的艺术,诠释学应该适用于任何类型的文本,包括宗教经文、文学作品以及法律文献,等等。随后,威廉·狄尔泰(Wilhelm Dilthey)提出,诠释学是一门可作为所有精神科学,即所有专注于理解人类艺术、行为和作品的学科之基础的核心学科。到了马丁·海德格尔(Martin Heidegger)那里,诠释学变成了一种"此在诠释学"。诠释学既不是指文本诠释的理论,也不是指精神科学的方法论,而是指对人类存在本身的现象学说明。① 如果说诠释学可以是关于《圣经》解释的方法论,也可以是关于一切文本解释的方法论,还可以是关于一切解释的方法论,那施特劳斯关于解读经典作品的方法论何尝不可以是一种诠释学?诠释学研究的是关于解释(interpretation)和说明(explanation)的方法论原则,而施特劳斯关于如何解读以往著作的阐述,讨论的正是如何解释和说明文本的问题。所以,完全没有必要像扎科特伉俪那般对施特劳斯关于如何解读以往著作的论述是否可被视作诠释学持一种犹犹豫豫的立场。

如果说对施特劳斯的隐微解读法以及背后整个的诠释主张进行诠释学意义上的考察无可非议,也就是说,施特劳斯那里有诠释学,那么施特劳斯诠释学的特点与贡献又是什么?2019年9月20日,华东师范大学哲学系举办了"哲人与哲学生活:施特劳斯的诠释学创新"研讨会。② 会上,迈尔(Heinrich Meier)提出,施特劳斯的诠释学具有三方面的创新。但可惜的是,迈尔并未深入阐明这三方面的创新具体为何。鉴于此,本书旨在从

---

① 帕尔默.诠释学[M].潘德荣,译.北京:商务印书馆,2014:50-63. 潘德荣.西方诠释学史[M].北京:北京大学出版社,2016:3.
② 会务组把 Leo Strauss's hermeneutical innovations 翻译为"施特劳斯的解释学创新"。在本书中,为统一术语,"hermeneutical innovations"翻译为"诠释学创新"。

施特劳斯发现西方哲学史上的双重教诲传统说起，考察施特劳斯诠释学的原则和要义，以此探讨施特劳斯的诠释学创新。本书致力于说明，施特劳斯的诠释学创新正在于其诠释学回归，回归原初意义上的诠释学。施特劳斯扭转了西方现代诠释学自施莱尔马赫伊始的重"阐"倾向，在一个重"阐"的年代发生了向"诠"的回归。施特劳斯的诠释学又可谓是一种政治哲学诠释学。在施特劳斯那里，对知识与意见、哲学与社会的内在紧张的考量贯穿诠释活动的始终。

总的说来，施特劳斯双重教诲说的第一个部分——施特劳斯对双重教诲传统的解释，以及在这解释背后所蕴藏的施特劳斯的思想旨趣，已在陈建洪教授等人那里得到了较好的阐释，因而本书不再过多涉及。本书只尝试强调未得到强调的一点：施特劳斯关于双重教诲传统与哲人之审慎的论述。本书试图说明，对于施特劳斯而言，双重教诲现象的出现不是因为哲人要把自己的哲学思想搞得神神秘秘，而是因为哲人想要审慎地传达自己的哲学思想。至于施特劳斯双重教诲说的第二个部分，即施特劳斯关于如何阅读以往著作的论述，本书尝试进行较为详细的阐述。前面提到，本书试图把施特劳斯的隐微解读法作为一种诠释方法，把与此相关的思想作为一种诠释学思想来进行考察。这部分首先探究施特劳斯诠释学的原则，并说明原则有二，分别是像作者理解自己一样理解作者和注意作者的写作艺术。阐明施特劳斯的诠释学的原则后，接下来考察施特劳斯如何在其阅读和写作实践中诠释这两条原则。这部分分别着眼于施特劳斯对修昔底德的解读以及施特劳斯对现代自由主义的批判。总的说来，本书第一至第二章为第一部分，致力于依次阐述施特劳斯对双重教诲传统的重现和诠释，即追溯施特劳斯如何邂逅和解释双重教诲传统，并说明施特劳斯最终将双重教诲现象归结于哲人的审慎。根据施特劳斯的研究，若不是哲人的审慎，双重教诲现象最终就失去了可能。第三至第五章为第二部分，致力于阐述施特劳斯重现双重教诲传统对其诠释学思想有何影响，施特劳斯的诠释学思想为何。其中，第三章考察施特劳斯的第一条诠释学原则——像作者理解自己一样理解作者，第四章考察施特劳斯的第二条诠释原则——注意作者的写作艺术。以对这两条原则的阐述为基础,第五章提出施特劳斯的诠释学可被称作是政治哲学诠释学。第六章至第七章为第三部分,致力于展示施特劳斯的隐微实践,即施特劳斯如何带着"注意双重教诲之分"诠释过去的作者及其作品。其中,第六章展示施特劳斯对修昔底德的隐微解读,并说明,通过注意修昔底德的双重教诲,施特劳斯看到了修昔底德的哲学面相。第七章说明施特劳斯如何在隐微阅读之外,用隐微写作诠释隐微主义。这一章将聚焦于施特劳斯对现代自由主义的节制批判。最后,结语部分总结施特劳斯的诠释学创新,揭示施特劳斯双重教诲说的精神本质——反抗西方现代文明的虚无主义。

第一章

施特劳斯重现双重教诲传统

20世纪30年代末,德裔美籍政治哲学家施特劳斯提出,西方哲学史上的经典著作大多存在显白和隐微教诲之分,理解这种区分对于理解过去的思想极为重要。那么,施特劳斯如何发现双重教诲传统?这一章试图说明,施特劳斯重新发现被遗忘已久的双重教诲传统绝非偶然。在很大程度上,这得益于对中世纪犹太哲人和伊斯兰哲人特别是对迈蒙尼德的研究。① 经由迈蒙尼德,施特劳斯发现18世纪前的哲人几乎都区分了显白和隐微教诲。

第一节 双重教诲传统及其消失

色诺芬(Xenophon)的《回忆苏格拉底》(*Memorabilia*)提到了苏格拉底如何教导年轻人阿里斯提普斯(Aristippus)。色诺芬告诉我们,苏格拉底首先是直白地教导阿里斯提普斯。苏格拉底直接告诉阿里斯提普斯:"怠惰和眼前的享受既不能使身体拥有健全的体质,也不能使心灵获得任何有价值的知识,但不屈不挠的努力终会使人建立起美好和高尚的业绩。"②然后,苏格拉底引用赫西俄德(Hesiod)的诗句和普罗迪克斯(Prodicus)笔下年轻人该如何修身的一个故事,进一步说明年轻人不能贪图逸乐,要注意修身养德。苏格拉底引用的赫西俄德的诗句是:"恶行俯拾即是,通向它的道路是平坦的;但不朽的神明,却把劳力流汗安放在

---

① 这里采用施特劳斯的说法"伊斯兰哲人(Islamic philosophers)"。
② 色诺芬.回忆苏格拉底[M].吴永泉,译.北京:商务印书馆,2016:48.

施特劳斯的诠释学创新

德行的宫殿之前,通向它的道路是漫长而险阻的。"①讲完赫西俄德的诗之后,苏格拉底接下来讲了他从普罗迪克斯那里听到的一个故事——关于赫拉克雷斯(Heracles)如何选择人生之路的故事。赫拉克雷斯成年了,开始考虑如何走向生活,走德行之路,还是走恶行之路。正当他坐下来细细思量的时候,有两个女子向他走来,一个俊美大方、形态安详,另一个娇态毕露、自顾自盼。第二个女子抢在前头,要跟赫拉克雷斯交朋友,带他走通过吃喝玩乐快速实现幸福之路。但第一个女子告诉赫拉克雷斯,要获得真正的幸福,必要通过辛苦努力。但第二个女子不死心,仍然想拉赫拉克雷斯走捷径。这时,第一个女子训斥道:"你这个无耻的女人,你有什么好东西?你既不肯辛劳努力去获得它,怎能体验到美好的事情?"②而后,第一个女子转而训诲赫拉克雷斯,一定要通过自身的努力,才能获得德行,德行不会像第二个女子那样,主动地拉拢你。讲完赫拉克雷斯受训的故事,苏格拉底劝诫阿里斯提普斯也要像赫拉克雷斯一样,牢记第二个女子的训诲,好好地安排自己的生活。

在这里,苏格拉底教诲年轻的阿里斯提普斯,可以说用了两种方式。一种是显白的。苏格拉底直接告诉阿里斯提普斯,怠惰和暂时的享受无益于锻造人的身体和灵魂,只有通过不屈不挠的努力,才能获得强健的身体和美好的灵魂。另一种是隐微的。苏格拉底借用从普罗迪克斯那里听到的赫拉克雷斯如何受训的故事,把德行和恶行比作两个女子,间接告诉阿里斯提普斯,德行并不会主动走向人,正如第一个女子不会主动拉拢赫拉克雷斯,而只能是人通过辛劳的努力主动走向德行。通过这样两种方式,苏格拉底向年轻的阿里斯提普斯表明,通向德行的道路虽然漫长艰难,但除此之外别无选择。只有苦做功课,主动走向德行,才能获得德行。留恋轻松享受的事情,只会获得恶行。

这种用显白和隐微两种方式传达教诲的方法是西方哲学史上双重教诲方法的缩影(当然,双重教诲方法有多种,这只是其中之一)。在西方哲

---

① 色诺芬.回忆苏格拉底[M].吴永泉,译.北京:商务印书馆,2016:48.
② 色诺芬.回忆苏格拉底[M].吴永泉,译.北京:商务印书馆,2016:51.

学史上，18世纪之前的哲人大多喜爱采用双重写作，传达双重教诲。他们的著作中既有针对大众的显白（exoteric）教诲，也有针对哲人或门徒的隐微（esoteric）教诲。

18世纪法国哲学家狄德罗所编的《百科全书》指出："古代哲人具有双重教义，一种是外在的、公开的、显白的，一种是内在的、隐秘的、隐微的。"①17世纪德国哲学家莱布尼茨（Gottfried Wilhelm Leibniz）的《人类理智新论》（*New Essays on Human Understanding*）也提到："古代人区分了显白的（或流行）的阐释和隐微的阐释，后者适合那些真正想要发现真理之人。"②显白教诲和隐微教诲可能是同一种教诲，只是以不同的方式被表达出来，也可能是不同的教诲。比如，苏格拉底劝阿里斯提普斯莫贪图逸乐的两套说辞，传达的就是同一种教诲。苏格拉底都是旨在表明，只可能是人走向德行，不可能是德行主动走向人，即年轻人需要不断地修身养性而获得德行，不可能什么都不做就成为富有德行之人。

但是，中世纪犹太哲人迈蒙尼德在《迷途指津》中的一些教诲，出于调和哲学理性与宗教信仰之故，可能不完全是同一种教诲。比如，关于世界怎么来的问题，犹太教主张上帝创世说，认为世界是上帝从虚无中创造出来的。但古希腊哲学主张世界永恒，无生无灭。作为一个犹太人，迈蒙尼德在其著述中呈现了上帝创世说。但作为一个接受了古希腊哲学教育的人，作为亚里士多德的信徒，迈蒙尼德又在其著述中呈现了世界永恒说。总的说来，迈蒙尼德没有遗落哪种说法，两种说法都有所呈现。但值得注意的是，迈蒙尼德不是平等对待这两种相互矛盾的说法。为了调和两者的矛盾，迈蒙尼德采用"摒弃更为可疑的，保留不怎么可疑的"的方法，根据世界永恒论包含更为明显的缺陷，而摒弃了世界永恒论，保留了上帝创世说。但迈蒙尼德对创世说的秉持和承认是真实的，还只是表面上的？乍看之下，迈蒙尼德接受创世论，但正如施特劳斯所言，迈

---

① MELZER A M. Philosophy Between the Lines: the Lost History of Esoteric Writing [M]. Chicago: The University of Chicago Press, 2014: xi.
② LEIBNIZ G. New Essays on Human Understanding [M]. REMNANT P, BENNETT J, trans. & ed. New York: Cambridge University Press, 1996: 342.

蒙尼德一方面明确支持创世论,另一方面又对奇迹、启示等持犹犹豫豫的态度,迈蒙尼德实际上在其他地方暗示了不同的看法。① 当然,显白教诲也有可能和隐微教诲部分相同。哲人在其显白教诲中透露了部分的、而非全部的隐微教诲。② 通俗地说就是,隐微教诲透露了一半,没有全部透露出来。

但18世纪末以来,双重教诲传统逐渐销声匿迹。一方面,哲人们逐渐不再践行双重写作传统。德国思想家歌德(Johann Wolfgang von Goethe)1811年在致友人的书信中就提到:"在上世纪下半叶,人们不再区别显白的和隐微的,且这种做法愈演愈烈。"③另一方面,这一传统不再被认为是历史悠久的写作传统,甚至遭到全然的否定。可以发现,黑格尔在讲柏拉图的时候,就认为这种关于双重教诲传统的说法是无稽之谈。黑格尔说道:

> "柏拉图哲学的另一个困难,据说在于区分'通俗'和'专门'的哲学。邓尼曼说:'柏拉图利用了每一个思想家所享有的权利,即是在他的发现中只传授他认为适宜于传授的那么多,而且只传授给某一些他认为有能力接受他的学说的学生。亚里士多德也有一个通俗的和专门的哲学,但是有一点不同,就是这种区别在亚里士多德那里只是形式上的,而在柏拉图那里则是实质的区别。'这真是毫无意义的说法!"④

---

① 施特劳斯的解读详见:施特劳斯.阿布拉瓦内的哲学趋向与政治教诲[C]//施特劳斯.犹太哲人与启蒙——施特劳斯讲演与论文集:卷一.刘小枫,编.张缨,等译.北京:华夏出版社,2010:228.《迷途指津》中关于世界被造问题的矛盾说法及迈蒙尼德的解决之道,参见:迈蒙尼德.迷途指津[M].傅有德,郭鹏,张志平,译.济南:山东大学出版社,1998:XV.
② MELZER A M. Philosophy Between the Lines:the Lost History of Esoteric Writing[M]. Chicago:The University of Chicago Press, 2014:4-5.
③ 见歌德1811年10月20日致帕索的信件. VON GOETHE J W. Goethe to Passow, 20 October 1811[Z]//Goethes Briefe und Briefe an Goethe. Munich:Beck, 1988, 3:168. 转引自 MELZER A M. Philosophy Between the Lines:the Lost History of Esoteric Writing[M]. Chicago:The University of Chicago Press, 2014:xii.
④ 黑格尔.哲学史讲演录:第二卷[M].贺麟,王太庆,译.北京:商务印书馆,1983:161.

同样地，德国古典学者策勒（Eduard Zeller）在讲亚里士多德的时候，也认为关于双重教诲的说法站不住脚。策勒说道："显然，任何这样的说法，都使得亚里士多德表现得像小孩子一般故弄玄虚。"①言下之意，这种说法肯定不成立。亚里士多德怎么可能故弄玄虚？

第二节　施特劳斯重现双重教诲传统

双重教诲传统在被西方现代哲人遗弃一百多年之后，在20世纪30年代被施特劳斯从故纸堆里找了出来。施特劳斯出生于德国黑森州（Hessen）基尔夏因镇（Kirchhain）的一户犹太教家庭，在虽不深知犹太教知识、却在"礼仪上"严格遵守犹太律法的氛围中长大——德国乡间的犹太社区不太像柏林或法兰克福的犹太社区，更像是东欧乡间的犹太社区。② 命定的犹太成分对施特劳斯造成了较大的影响。文理高中毕业后，施特劳斯倾向于读哲学专业，并就近选择了马堡大学（基尔夏因镇跟马堡镇之间只隔了10公里）。施特劳斯选择马堡大学的哲学专业，也在于马堡大学的哲学研究带着对犹太教的关切。马堡大学曾是新康德主义马堡学派的大本营，学派创始人柯亨（Hermann Cohen）既是一位满怀激情的哲学家，又是一个满怀激情地献身于犹太教的犹太人。当时，虽然柯亨已经去世，马堡学派也已四分五裂，但柯亨的弟子罗森茨威格（Franz Rosenzweig）继承了柯亨对犹太教的关切，将沉睡的犹太神学重新拉回到了人世。③

---

① ZELLER E. Aristotle and the Earlier Peripatetics[M]. COSTELLOE B, MUIRHEAD J, trans. London: Longmans, Green, and Co., 1897: 121.
② GREEN K H. Leo Strauss as a Modern Jewish Thinker[C]//STRAUSS L. Jewish Philosophy and the Crisis of Modernity: Essays and Lectures in Modern Jewish Thought. GREEN K H, ed. Albany: State University of New York Press, 1991: 3.
③ 施特劳斯. 剖白[C]//施特劳斯. 苏格拉底问题与现代性：施特劳斯讲演与论文集：卷二. 刘小枫, 编. 刘振, 彭磊, 等译. 北京：华夏出版社, 2016: 492-493.

有意思的是,施特劳斯不是在马堡大学度过四年大学生涯。由于当时流行每学期跑到不同的大学听课,因而施特劳斯大学四年去了四个不同的学校学习,最终于1921年在汉堡大学取得博士学位,导师是柯亨的硕士弟子、新康德主义新生代卡西尔(Ernst Cassirer)。从汉堡大学取得学位后,施特劳斯继续在不同的大学听课学习。1922年,施特劳斯跑到了弗莱堡大学,并见到了现象学奠基人胡塞尔(Edmund Husserl)。但施特劳斯并不怎么醉心于胡塞尔的课,反而对艾宾豪斯(Julius Ebbinghaus)关于宗教改革和启蒙运动的课更感兴趣。

1922年的神学复苏运动,使施特劳斯对神学的兴趣彻底被点燃了。由于斯宾诺莎的《神学政治论》是攻击正统学说的经典文献,因而施特劳斯将目光转向了这一著作。20世纪20年代的最后5年,施特劳斯主要聚焦于对斯宾诺莎的宗教批判的研究。

不过,对斯宾诺莎宗教批判的研究不只是让施特劳斯认识到了现代启蒙运动的问题或柯亨的斯宾诺莎批判的问题,更让施特劳斯开始关注斯宾诺莎的前辈迈蒙尼德——一位中世纪犹太先贤。施特劳斯在反思斯宾诺莎宗教批判的时候,就注意到,万一《圣经》含有字面之外的含义,那斯宾诺莎基于《圣经》对正统的批判就很有可能站不住脚。是的,施特劳斯发现,比如对于迈蒙尼德而言,《圣经》就不只有字面含义,而是还有字外含义。为了调和理性与启示,迈蒙尼德运用了一种独特的解释原则,那就是"进行字面含义的解读时,所有与理性的洞见相抵牾的段落都应该加以寓意性的解释"①。当然,施特劳斯看到,迈蒙尼德的这种寓意性的解释原则遭到了斯宾诺莎的批判,在斯宾诺莎看来,这样的解释原则是不科学的,属于个人的主观成见。因而结束斯宾诺莎研究之后,施特劳斯转向了迈蒙尼德。②

施特劳斯对迈蒙尼德的思考,首先是对迈蒙尼德的律法学以及先知

---

① 施特劳斯.斯宾诺莎的宗教批判[M].李永晶,译.北京:华夏出版社,2013:209.
② 20世纪30年代初结束对斯宾诺莎的研究之后,施特劳斯一方面转向霍布斯,一方面研究迈蒙尼德。参见施特劳斯.剖白[C]//施特劳斯.苏格拉底问题与现代性:施特劳斯讲演与论文集:卷二.刘小枫,编.刘振,彭磊,等译.北京:华夏出版社,2016:496.

学的思考。在评论古特曼（Julius Guttmann）的《犹太哲学》（*Die Philosophie des Judentums*, 1933）的长篇评文中，施特劳斯指出，中世纪启蒙与现代启蒙不同，中世纪启蒙带有律法观念。施特劳斯说道："中世纪哲学首要的奠基任务是哲学的律法奠基，也就是证明，适合从事哲学的人，由启示律法责成并授权从事哲学。"①施特劳斯表示，迈蒙尼德就是这种中世纪启蒙的典型代表。迈蒙尼德确信，人的理智不足以认识真理，人还需要借助于启示。按照迈蒙尼德的看法，"人只能够认识'下界'、天之下的世界、人周遭的世界……最高的认识，对于我们人而言就是奥秘……由于人的理智具有一种必然出于人的天性的界限，人不可能跨越此界限，所以，人有义务在此界限前停住脚步，听命于启示的教诲，人无法看透和证明此教诲。"②启示是上帝通过先知给予的律法，因而施特劳斯接下来关注的是迈蒙尼德的先知学。施特劳斯看到，由于启示优于理性，因而在迈蒙尼德那里，先知高于哲人。先知不仅只是哲人，而是集哲人、立法者、预言家、行奇迹者于一身的人。③对于迈蒙尼德而言，这也就是为何哲人一方面有能力认识由先知所传达的真理，另一方面却仍然倚赖于启示。

但这里有个问题值得思考：如果说哲学由启示律法授权并责成，那哲学是否必定与律法相一致？有没有可能相冲突？如果相冲突，又该如何看待和处理两者的冲突？简单地说，思辨与经文字义发生冲突时，该如何处理？施特劳斯看到，按照迈蒙尼德的意见，这时需要对律法的字面意思作出解释，而且要说明经文字义与思辨相一致，只能对极少数具有哲学素养的人方可透露其中的秘密。④迈蒙尼德如何传达自己的解释实际上

---

① 施特劳斯.哲学与律法：论迈蒙尼德及其先驱[M].黄瑞成,译.北京：华夏出版社,2012：41.
② 施特劳斯.哲学与律法：论迈蒙尼德及其先驱[M].黄瑞成,译.北京：华夏出版社,2012：45.
③ 施特劳斯.哲学与律法：论迈蒙尼德及其先驱[M].黄瑞成,译.北京：华夏出版社,2012：52.
④ 施特劳斯.哲学与律法：论迈蒙尼德及其先驱[M].黄瑞成,译.北京：华夏出版社,2012：71,74.

就是如何书写自己的思辨,因而施特劳斯这样描述迈蒙尼德的写作原则:中世纪哲人的"追求不是'发出亮光',以教育即启蒙大众,使其获得理性认识,相反,他们总是再三嘱咐,面对没有资格的大众,哲人有责任隐藏由理性获知的真理"①——哲学应该传内不传外。正是在这个地方,施特劳斯注意到了迈蒙尼德的书写原则,一种秉持内传方式(esoterische Mitteilung)的书写原则。可以看到,施特劳斯在隔年所写的文章中再次提及迈蒙尼德的这种写作倾向。

在《简评迈蒙尼德和法拉比的政治学》这篇文章中,施特劳斯提到,在解释想象力对于先知的必要性时,迈蒙尼德认为,"想象有可能让真理的隐喻式显白表现得以可能,而其恰切的、隐微的意义必须对庸众隐藏起来"②。不过,施特劳斯此时虽然注意到了迈蒙尼德独特的写作原则,但还未对迈蒙尼德的这种原则具有全面深入的了解。迈蒙尼德这种略带神秘色彩的写作原则像谜一样吸引着施特劳斯。正是因为如此,施特劳斯1935年在写给肖勒姆——未来的犹太神秘主义传统卡巴拉专家——的书信中提到:"如果我有时间和精力,我想花十年功夫写一本关于《迷途指津》的书。"③三年后的1938年,他在写给好友克莱因的书信中表示:"现在我必须研究迈蒙尼德。"④

施特劳斯在信中向克莱因所宣布的研究计划不假。1938年,施特劳斯沉醉于研究迈蒙尼德的《迷途指津》,且进展很快。我们可以看到,施特劳斯在1938年致克莱因的另一封书信中(上一封是2月11日,这一封是2月16日,仅隔了5日),这样告知对方自己的迈蒙尼德研究:"我的迈蒙尼德研究进展很大,可是仍然没有动笔……但我暂时还远远没有触及这类重要的东西,现在重要的是编出一本秘密语词词典。迈蒙尼德技巧中

---

① 施特劳斯.哲学与律法:论迈蒙尼德及其先驱[M].黄瑞成,译.北京:华夏出版社,2012:84.
② 施特劳斯.简评迈蒙尼德和法拉比的政治学[C]//施特劳斯.犹太哲人与启蒙:施特劳斯讲演与论文集:卷一.刘小枫,编.张缨,等译.北京:华夏出版社,2010:199.
③ 施特劳斯等.回归古典政治哲学:施特劳斯通信集[M].迈尔,编.朱雁冰,何鸿藻,译.北京:华夏出版社,2006:256.
④ 施特劳斯等.回归古典政治哲学:施特劳斯通信集[M].迈尔,编.朱雁冰,何鸿藻,译.北京:华夏出版社,2006:267.

本质性的一点是自然的,他在所有方面公开地说出一切,哪怕是在白痴也不会去寻找的地方。"① 大约经过 5 个月的努力,施特劳斯终于完成了关于迈蒙尼德《迷途指津》的文章《〈迷途指津〉的文学特征》,并证实了一开始关于迈蒙尼德的惊人发现,关于迈蒙尼德的真实信仰,关于迈蒙尼德的写作方式。②

《迷途指津》成书于 1190 年,是迈蒙尼德继《密西那托拉》之后的又一部力作。如果说《密西那托拉》是一部关于犹太教口传律法的百科全书,那么《迷途指津》可以说是一部关于《圣经》奥秘的哲学巨著。施特劳斯看到,迈蒙尼德自己也声称,他在《迷途指津》中的主要意图就是解释创世论和神车论。由于创世论即为物理学,神车论即为形而上学,因而《迷途指津》的主要意图可以说就是探讨物理学和形而上学,也就是哲学。但施特劳斯同样清楚地看到,迈蒙尼德竟然自相矛盾地说,全部物理学和形而上学论题都被排除在《迷途指津》之外。这就出现了戏剧性的矛盾:迈蒙尼德写了本哲学书,但却明确表示,他写的不是哲学书。③ 从这个大的自相矛盾出发,施特劳斯发现,《迷途指津》实际上多处存在自相矛盾。自相矛盾的地方是如此之多,以至于施特劳斯不得不得出这样的结论:"迈蒙尼德对所有重要问题都作出了前后矛盾的论断。矛盾是《迷途指津》的轴心,它们以最令人信服的方式表明这部书的真实教诲被密封起来了,同时又透露出打开密封的方法。"④

在 1938 年 7 月写给克莱因的书信中,施特劳斯道出了自己的研究发现:"我在纽约形成的观点得到进一步确认,《迷途指津》至少是我所知的

---

① 施特劳斯等. 回归古典政治哲学:施特劳斯通信集[M]. 迈尔,编. 朱雁冰,何鸿藻,译. 北京:华夏出版社,2006:270.
② 这篇文章 1941 年首先发表于:STRAUSS L. The Literary Character of The Guide for the Perplexed[C]//Essays on Maimonides. New York:Columbia University Press, 1941:37-91.
③ STRAUSS L. The Literary Character of The Guide for the Perplexed[M]//STRAUSS L. Persecution and the Art of Writing. Chicago:The University of Chicago Press, 1988:45.
④ STRAUSS L. The Literary Character of The Guide for the Perplexed[M]//STAUSS L. Persecution and the Art of Writing. Chicago:The University of Chicago Press, 1988:74.

最非同寻常的一本书……迷途者之向导或者对迷途者之指点是为迷途者即哲学家们所作的'律法'的重复,只是这种模仿……包含着对托拉的批判。我本可为揭开这个谜团而感到自豪。可是,我有时面对我以我的解释所造成的情况感到不寒而栗。结局将是,我这个可怜鬼不得不一勺勺喝下十二世纪那个恶鬼般的魔法师为我酿制的苦酒。"①施特劳斯虽然为证实自己的发现而不自在,但他的确为重新发现一种被遗忘的写作传统而感到高兴。施特劳斯晚年回忆自己的学术历程时曾提到,他在迈蒙尼德这里的发现让他确信,他发现了前现代的显白主义(exotericism),他将关于迈蒙尼德的研究手稿寄给克莱因之后,克莱因也确信,他们重新发现了显白主义。②

显白主义究竟指什么,施特劳斯早在上述2月16日致克莱因的书信中便有所说明,那就是,在所有公开的地方大胆说出一切,以至于没人相信所说的是实话。施特劳斯后来讲法拉比如何解读柏拉图的《法律篇》时提到过一个故事,故事主人公的套路便跟迈蒙尼德的显白手法如出一辙。通过这个故事,我们可以更好地理解施特劳斯所谓的显白主义究竟是怎么一回事。

这个故事是这样的:从前有个虔诚的修道之人,以苦心修道和正直笃实而被世人称赞,但不知为何招致了世俗势力的敌视,被全城通缉。他想要逃跑,但所有的出城口都被堵住了。于是,这人想了个法子。他弄到一套破破烂烂的乞丐服,在夜幕初上时,手里拿个钹边敲边唱,装着醉醺醺的样子来到了城门口。守门人见有人出城便盘问道,来者何人。这人笑嘻嘻地回答道,我就是你们要找的那个修道大仙啊!守门人想当然地认为这人是在开玩笑,毕竟没有哪个嫌疑人会轻易地自投罗网,于是就爽快地开了城门,任其大摇大摆地出了城。③

---

① 施特劳斯等.回归古典政治哲学:施特劳斯通信集[M].迈尔,编.朱雁冰,何鸿藻,译.北京:华夏出版社,2006:274-275.
② 施特劳斯.剖白[C]//施特劳斯.苏格拉底问题与现代性:施特劳斯讲演与论文集:卷二.刘小枫,编.刘振,彭磊,等译.北京:华夏出版社,2016:496.
③ 施特劳斯.法拉比如何解读柏拉图的《法义》[M]//施特劳斯.什么是政治哲学.李世祥,等译.北京:华夏出版社,2011:122.

这种说话方式实际上并不少见，文学作品和影视作品中就有很多这样的例子。狄更斯的《远大前程》中有个神秘奇怪的人物叫郝薇香（Miss Havisham）。小说一直没有透露这人为何古怪，直到第二十二章。这一章透露，郝薇香之所以古怪，是因为曾经被某男子所骗。在要结婚的那一天，正当郝薇香换好结婚礼服之际——8点40分整，她收到了这个男子的一封信，然后婚事被迫取消。愤怒痛苦的郝薇香把一切都停留在了这个时刻。狄更斯没有对郝薇香的这段感情经历过多着笔，但有个影视作品《狄更斯世界》（Dickensian）大肆渲染了这个故事。它增加了下面的情节：这个骗财骗色的男子在追求郝薇香之际，郝薇香有个表兄弟试图打探该男子追求郝薇香的真实目的。这个表兄弟对该男子说道，郝薇香是个年轻富有的女孩，肯定有人想利用这一点。该男子戏谑地说道，你觉得我也是这种人？郝的表兄弟说道，不，我现在信任你了。该男子继续戏谑地说道，那你可太蠢了！我当然打算勾引郝薇香，私吞她的所有财产，得到她的每一分钱！该男子说得一脸严肃，因而郝的表兄弟反而大笑道，你在骗我。该男子于是顺势说道，我当然是在骗你。因此，郝的表兄弟不仅没有识破该男子的真面目，反而进一步导致了郝薇香的悲剧人生，因为他对郝薇香说，他是个好人，值得信任。真真假假，假假真真，就如法拉比笔下那个逃出城的修道之人说的话，就如迈蒙尼德在《迷途指津》中的有些话。

一讲到施特劳斯重新发现的双重教诲传统，很多人容易理解成是那些作者把自己的真实教诲隐藏在文本中的某个角落，其他地方加以大量显白教诲。这固然是双重教诲传统的重要方式之一，但不得不说，施特劳斯一开始所揭示出的显白主义，大抵并不是如此。正如上所示，它更多地是指显白地表达隐微教诲，即隐微教诲不是隐微的，而是显白的。这一点后面会再提及。总的说来，如果不是在迈蒙尼德这里重新发现这种古老的写作传统，施特劳斯大抵无法从故纸堆里挖出这种古老的写作手法，无法看到法拉比以及古希腊的那些作家都是运用这种手法的高手。我们可以看到，跟克莱因分享这种发现之后，施特劳斯在后续的书信中继续提到,希罗多德、修昔底德、柏拉图、色诺芬等,都是掌握这种特殊技艺的大师。①

---

① 施特劳斯等. 回归古典政治哲学:施特劳斯通信集[M].迈尔,编.朱雁冰,何鸿藻,译.北京:华夏出版社,2006:277-283.

第二章

施特劳斯对双重教诲传统的柏拉图式解释

第一节　柏拉图的幽灵

单挖掘出销声匿迹的传统还不够，还有必要对这种传统进行解释。前现代的哲人为何传达双重教诲？写作时为何采用双重写作？这是更值得深思的问题。施特劳斯对这个问题进行了哲学的回答。由于施特劳斯是在研究迈蒙尼德《迷途指津》的过程中发现了这种传统，我们下面结合施特劳斯对《迷途指津》的解释来阐述施特劳斯对这种古老写作传统的解释。

面对《迷途指津》，施特劳斯首先思考的是，这本书的目的是什么。可以看到，在《迷途指津》中，迈蒙尼德开篇就道明，此书的第一个目的是解释《圣经》先知书中一些语词的含义，第二个目的则是解释先知书中那些含糊不清的比喻。[①] 不过，迈蒙尼德后面提到："我在本书中所说的话针对的是哲学化了的且知道真正的科学知识、同时又对律法所说的坚定不移的人，针对这样的人对《圣经》中的模糊和比喻用词感到困惑不解。"[②] 或许正是在这个意义上，施特劳斯在阐述《迷途指津》的目的时采用的是迈蒙尼德的第二种说法，即《迷途指津》旨在解释各种《圣经》用词

---

① 迈蒙尼德.迷途指津[M].傅有德,郭鹏,张志平,译.济南：山东大学出版社,1998：绪论,5-6.
② MAIMONIDES M. The Guide of the Perplexed[M]. Vol. 1. PINES S, trans. Chicago：The University of Chicago Press, 1963：10.

和《圣经》比喻,也就是解释《圣经》的奥秘。① 但施特劳斯不满足于这样的结论,而是继续追问,迈蒙尼德为何要解释《圣经》的奥秘。毕竟"律法禁令"明确禁止,任何人都不得解释这些奥秘,塔木德贤哲有训令,神车论不应传授给任何人,除非对方有智慧,能够自己领悟。但即便对于这样一个人,所能传授的也仅限于章节标题。② 施特劳斯看到,促使迈蒙尼德决意违背祖训也要把《圣经》奥秘形诸笔墨的,是当时《圣经》奥秘口口相传的传统时刻面临着被中断的危险。比如,托拉的奥秘自古都是口口相传,这种口口相传的传统不断被破坏,以至于理解其中的奥秘越来越困难。所罗门王(Solomon,公元前10世纪)几乎完全理解诫命的内在理由,以赛亚(Isaiah,公元前8世纪的先知)的同时代人尚能通过他的暗示理解其中的奥秘,但以西结(Ezekiel,公元前6世纪的先知)的同时代人却需要更多的细节才能把握其中的奥秘。直至迈蒙尼德那时,实现口头交流的外部条件更是越来越不稳定,或许过不了多久,这种交流就完全不可能了。施特劳斯指出,正是出于这样的考虑,迈蒙尼德决定违背祖训,将《圣经》奥秘形诸笔墨。③ 但毕竟"律法禁令"禁止解释《圣经》的奥秘,因而这个事情就变得非常地棘手。那么,迈蒙尼德如何处理这个棘手的问题呢?施特劳斯发现,迈蒙尼德采取了一条中间道路,隐秘地做这件事,对隐秘教诲作出隐秘解释,做了又似乎没做,没做又似乎做了,言而不言,不言

---

① STRAUSS L. The Literary Character of The Guide for the Perplexed[M]//STAUSS L. Persecution and the Art of Writing. Chicago: The University of Chicago Press, 1988: 42.
② STRACK H L, STEMBERGER G. Introduction to the Talmud and Midrash[M]. 2nd, ed. BOCKMUEHL M, trans. ed. Minneapolis: Fortress Press, 1996: 31-32. 关于神车论,在《圣经·以西结书》所描绘的异象中,上帝曾驾着他的"神车"在迦巴鲁河畔(Chebar)显现,参见刘精忠. 犹太神秘主义概论[M]. 北京:中国社会科学出版社,2015: 47-48. 根据肖勒姆(G. G. Scholem),神车论以及创世论这两种神秘学说已于第二圣殿时期在法利赛派中开始教授,但被认为不宜公开。SCHOLEM G. On the Kabbalah and Its Symbolism[M]. New York: Schocken Books, 1965: 42.
③ STRAUSS L. The Literary Character of The Guide for the Perplexed[M]//STAUSS L. Persecution and the Art of Writing. Chicago: The University of Chicago Press, 1988: 50-51.

第二章　施特劳斯对双重教诲传统的柏拉图式解释

而言。①

这里先不谈迈蒙尼德的这条中间道路具体为何，先来思考一个显而易见但又值得深思的问题：迈蒙尼德完全可以无视律法禁令，从解释《圣经》奥秘的紧迫性出发直白地解释《圣经》奥秘，但迈蒙尼德为何自始至终都遵守律法禁令，把律法放在首要的位置呢？在最初完成的《〈迷途指津〉的文学特征》(1941)这篇文章中，施特劳斯并没有专门探讨这个问题。但这篇文章后来被收录进文集《迫害与写作艺术》(1952)时，施特劳斯在文集的导论中有过非常清楚的解释。在导论中，施特劳斯再次强调了律法对于中世纪犹太哲人和伊斯兰哲人的首要性和重要性。在前两年的作品《哲学与律法》(1935)中，施特劳斯曾明白无误地指出，"启示以及启示律法的现实性，对这些哲人而言是具有决定性的、前哲学的前提"，对于鲁什德恰如对于迈蒙尼德，"律法确定是头等大事：从事哲学是律法的命令，哲学由律法授权"②。在这里，施特劳斯再次讲到，律法对于中世纪犹太哲人和伊斯兰哲人而言是头等大事。"犹太人和穆斯林所理解的启示具有律法的特征，而不具有信仰的特征。与此相应，伊斯兰哲人和犹太哲人思考启示时首先想到的不是一种信条或一系列教义，而是一种社会秩序，这个秩序不仅规范行为，也规范思想或意见。"③简而言之，哲人本质上也是人，而人的完美有赖于启示律法，因而哲人必须以律法为重。在《哲学与律法》中，施特劳斯曾强调，中世纪犹太哲人和伊斯兰哲人之所以与基督教哲人不同，他们以律法为重，是因为他们深受柏拉图的影响，理解柏拉图，才有望真正理解迈蒙尼德等人对律法的强调。在导论中，施特劳斯也同样强调了柏拉图对他们这种特点的深远影响。

让我们从施特劳斯如何在20世纪20年代末30年代初接触到中世

---

① STRAUSS L. The Literary Character of The Guide for the Perplexed[M]//STAUSS L. Persecution and the Art of Writing. Chicago：The University of Chicago Press，1988：52，56.
② 施特劳斯.哲学与律法：论迈蒙尼德及其先驱[M].黄瑞成，译.北京：华夏出版社，2012：61，73.
③ STRAUSS L. Persecution and the Art of Writing[M]. Chicago：The University of Chicago Press，1988：9-10.

施特劳斯的诠释学创新

纪犹太和阿拉伯哲学开始说起。1925年至1932年施特劳斯就职于柏林犹太教研究院期间,和另一位年轻学者克劳斯(Paul Kraus)共同整理了中世纪伊斯兰哲人法拉比(Abû Nasr al-Fârâbî)的手稿。① 通过对这些手稿的研究,施特劳斯和克劳斯发现,法拉比对柏拉图的《法律篇》颇有研究,法拉比并非亚里士多德的传人,而是柏拉图的传人。法拉比套用了柏拉图的政治哲学模型。透过法拉比的柏拉图渊源,当时正在研究迈蒙尼德的施特劳斯敏锐地看到,对法拉比极为欣赏的犹太哲人迈蒙尼德,也跟法拉比一样传承了柏拉图的思想。据此,施特劳斯大胆地提出:中世纪的伊斯兰哲人和犹太哲人都是柏拉图的门徒。② 他们用柏拉图《蒂迈欧》中的造物者来理解启示中的创世主——上帝,用柏拉图《理想国》中的哲人王来理解先知。正如哲人王集哲学能力和管理国家能力于一身,是理想国的缔造者,先知亦是集哲学能力和管理国家能力以及预言能力于一身,是完美国家的缔造者。他们与柏拉图的区别只在于,对于柏拉图而言,理想国的缔造者,即哲人王,有望在未来的某个时刻出现,但对于他们而言,完美国家的缔造者,即先知,过去已然出现,是过去的一个真实人物。③ 施特劳斯认为,迈蒙尼德等人之所以能从柏拉图那里得到启示,主要在于柏拉图在某种意义上非常接近启示信仰。当柏拉图在《法律篇》中说以人所特有的完美为旨归的律法只可能源于神圣时,柏拉图虽无启示的引导,但却极为接近启示。④ 在导论中,施特劳斯同样讲到了柏拉图对

---

① 克劳斯游历伊斯坦布尔期间发现了法拉比的手稿,并拍照留存。回柏林后,施特劳斯对这些照片进行了整理,并和克劳斯一起整理出了文稿。后来,克劳斯将手稿带至开罗。施特劳斯在1946年1月写给Charles Kuentz的书信中说出了这段往事。详见KRAEMER J L. The Death of an Orientalist:Paul Kraus from Prague to Cairo[C]//The Jewish Discovery of Islam:Study in Honor of Bernard Lewis. Israel:Tel Aviv University,1999:209;伯格.走向古典诗学之路——相遇与反思:与伯纳德特聚谈[M].肖涧,译.北京:华夏出版社,2007:50.
② 施特劳斯.哲学与律法:论迈蒙尼德及其先驱[M].黄瑞成,译.北京:华夏出版社,2012:54-55.
③ 施特劳斯.哲学与律法:论迈蒙尼德及其先驱[M].黄瑞成,译.北京:华夏出版社,2012:55-56.根据施特劳斯,柏拉图的政治学首先在希腊化时代(约公元前330年—公元前30年)得到修正,发生哲人王向先知概念的转换。然后,伊斯兰亚里士多德派(公元9—12世纪)的先知论又进一步演化成迈蒙尼德的先知论。
④ 施特劳斯.哲学与律法:论迈蒙尼德及其先驱[M].黄瑞成,译.北京:华夏出版社,2012:57.

中世纪犹太哲人和伊斯兰哲人的深远影响。施特劳斯指出:"亚里士多德的《政治学》、西塞罗和罗马法在基督教经院哲学中的位置,相当于柏拉图的《理想国》和《法律篇》在伊斯兰哲学和犹太哲学中的位置。柏拉图的这两本著作直到15世纪才被西方世界重新发现,但却早在9世纪就被翻译成了阿拉伯语。"①

第二节 宇宙异质性及哲学的危险处境

不过,施特劳斯发现,迈蒙尼德将律法置于首要的位置,遵守律法禁令,做到言而不言、不言而言,并不仅仅因为律法本身具有上述特性。因此,在上述导论中,施特劳斯进一步讲述了另一个原因。施特劳斯指出,法拉比在注疏柏拉图的过程中注意到了柏拉图那个时代哲学的社会处境问题,那就是,在柏拉图那个时代,城邦里没有教学和探究的自由。受命从事哲学活动、决意像牛虻一样叮咬雅典这匹骏马的苏格拉底,要么选择顺从流俗意见以保全性命,要么选择不顺从而性命难保。苏格拉底选择的是后者。最终,在古来稀之年,苏格拉底被告入狱。但苏格拉底没有选择逃跑,而是选择接受法庭的判决,饮毒芹汁而死,为哲学殉道。鉴于苏格拉底的命运,柏拉图找到了一个办法来解决,那就是"在言辞中建立美德之城"②。柏拉图不像苏格拉底那样勇猛地追求完美,而是用重复苏格拉底故事的方式来重述那个时代的城邦和大众,在言辞中建立美德之城。柏拉图的这种方式非常有用,避免了与大众的冲突。施特劳斯如此评价柏拉图方式对苏格拉底方式的超越:"柏拉图的方式不同于苏格拉底的方式,它把苏格拉底的方式和色拉叙马霍斯的方式结合了起来。苏格拉底的方式

---

① STRAUSS L. Persecution and the Art of Writing[M]. Chicago: The University of Chicago Press, 1988: 9.
② STRAUSS L. Persecution and the Art of Writing[M]. Chicago: The University of Chicago Press, 1988: 16.

没有妥协的余地,仅仅适合哲人与精英打交道,但色拉叙马霍斯的方式适合与大众打交道。"①施特劳斯表示,大多数人都忽视了柏拉图对苏格拉底方式的折中,但法拉比看到了其中的深意。法拉比看到了,柏拉图把苏格拉底的方式与色拉叙马霍斯的方式结合了起来,避免了与大众的冲突,避免了重蹈苏格拉底的覆辙。这也是法拉比为何不仅在《论幸福生活》中强调,遵从所属宗教社会的意见是未来哲人的必备品质,也在《柏拉图的哲学》中强调,哲学与哲人处于严峻的危险之中,哲学与社会之间存在紧张,哲人要区分显白教诲和隐微教诲。② 施特劳斯进一步指出,法拉比对柏拉图方式的理解和继承进一步影响了迈蒙尼德。迈蒙尼德特别推崇法拉比,将法拉比视为继亚里士多德之后最大的哲学权威。在其著述中,迈蒙尼德在不少地方评论和回应了法拉比从柏拉图那里得到的启示:要把苏格拉底方式和色拉叙马霍斯方式结合起来,要在著述中区分显白教诲和隐微教诲。

我们可以发现,对于施特劳斯而言,启示的第二个方面是更为重要的。在迈蒙尼德这里重新发现显白主义或者说双重教诲传统之后不久,施特劳斯写了篇文章解释西方哲学史上为何会有这种传统,这篇文章就是大家早已熟知的《迫害与写作艺术》(约写于 1939 年,施特劳斯于 1939 年作过同题讲座)。一般认为,对于施特劳斯而言,主要是因为西方哲学史上存在迫害现象——从最残忍的宗教迫害到相对温和的社会排斥,因而西方哲学史上出现了字里行间的写作艺术。这种观点基本上已成为一种陈词滥调。但施特劳斯是否真的把字里行间的写作艺术归结于不同程度的迫害现象?答案可以说是否定的。在这篇文章的第三部分,施特劳斯指出:"公共讨论能够多自由?人们在这一问题上的态度关键取决于他们如何看待大众教育及其限度。一般说来,前现代哲人在这一点上要比现代哲人更为谨慎。"③施特劳斯后面对"前现代哲人"进行了某种

---

① STRAUSS L. Persecution and the Art of Writing[M]. Chicago: The University of Chicago Press, 1988: 16.
② STRAUSS L. Persecution and the Art of Writing[M]. Chicago: The University of Chicago Press, 1988: 17-18.
③ STRAUSS L. Persecution and the Art of Writing[M]//STRAUSS L. Persecution and the Art of Writing. Chicago: The University of Chicago Press, 1988: 33.

第二章 施特劳斯对双重教诲传统的柏拉图式解释

解释。他指出,17世纪中叶之前的一些哲人相信,"智者"与"大众"之间存在难以跨越的鸿沟,不管大众教育取得怎样的进展,都无助于弥补两者之间的鸿沟,也就是说,哲学或科学从根本上而言属于某些人,不属于所有人。① 讲到这里,施特劳斯自然而然地讲到了柏拉图哲学中哲人与非哲学大众之间的固有紧张:哲学本身受到大多数(the majority)的怀疑和敌视。在这个地方的注释中,施特劳斯提到了柏拉图《斐多篇》和《理想国》中的内容(分别为64b;520b 和494a),以及西塞罗《图斯库路姆论辩集》中的内容(II,4)。其中,《斐多篇》的这一处稍显隐秘,乍看之下并不能看出是在揭示大多数对哲人的敌视。这个地方描述的是苏格拉底与一个底比斯人西米(Simmias)的对话。苏格拉底饮毒芹汁之前,有一帮人前来送别(不管出于真心还是假意)。苏格拉底和这些人展开了一段有关死亡、灵魂的长对话。其间,苏格拉底对曾经在法庭上谴责过他、但又假惺惺地前来送别他的西米和西贝(Cebes)说到,哲学就是练习死亡,所以哲人在临死关头并不会觉得烦恼,要是哲人在临死关头觉得烦恼,那岂不是笑话?西米大概是被苏格拉底的话震惊了,因而笑道:苏格拉底,尽管刚才我没啥心情笑,但我真被你给逗笑了,我想大多数听到这句话都会觉得它很好地描述了哲人,而且我们底比斯(Thebes)人完全同意,哲人都是濒临死亡,大多数都很清楚,哲人就是该死。不同学者对《斐多篇》的解读各有不同,比如伽达默尔是以此来探讨灵魂以及哲学的开端问题。但施特劳斯从中看到的却是哲学的少数与非哲学的大多数之间的紧张和冲突。施特劳斯暗示了,苏格拉底的死亡正是由这种鸿沟所造成。这不是苏格拉底个人的悲剧,而是哲学本质性的悲剧。我们可以发现,施特劳斯后来在同名文集《迫害与写作艺术》中对双重教诲传统的解释跟在这篇文章中对双重教诲传统的解释没有差别,都是将之归结于哲学的少数与非哲学的大多数、哲人与大众之间的固有紧张和冲突。施特劳斯确信,这是最根本的原因,而非其他。不过我们可以看到,在后来的同名文集中,施特劳斯还进一步将之描述为哲学社会学问题。比如在同名文集的导论中,施特劳斯讲到:"本书作

---

① STRAUSS L. Persecution and the Art of Writing[M]//STRAUSS L. Persecution and the Art of Writing. Chicago: The University of Chicago Press, 1988: 34.

者在研究中世纪犹太哲学和伊斯兰哲学时,偶然发现了一些现象,对这些现象的理解需要一种哲学社会学。"①那么,哲学社会学是干什么的?在文集的导论接近尾声时,施特劳斯道明了哲学社会学的任务:"希腊城邦的哲人处于严峻的危险中,法拉比把这一观点归于柏拉图。法拉比也注意到,柏拉图的技艺很大程度上使柏拉图规避了这一危险。但我们不能因为柏拉图的成功就无视危险的存在。认识这种危险,认识它已经和可能表现出的多种形式,是哲学社会学的首要任务,乃至唯一任务。"②

从一种特殊的写作艺术出发,施特劳斯挖掘出了背后的哲学社会学问题,这无疑是施特劳斯的重要学术贡献之一。但值得注意的是,在施特劳斯揭示出这样的一个问题之后,暂未对这一问题作更为深入的阐述。施特劳斯通过迈蒙尼德、法拉比以及柏拉图而揭示出,哲学的少数与非哲学的大多数之间存在固有的紧张和冲突。但是,两者之间为何会存在紧张和冲突?为什么两者之间的紧张和冲突无法彻底消除,而与哲学相伴相随?或许有人会说,这样的问题不就是启蒙时代的人所提出的嘛,他们相信人人都可得到启蒙,因而这种紧张和冲突在未来的某个时刻会得以消失。这里先不讲这个问题,留到后面再讲。这里先探讨,对这种冲突的认识是否跟对哲学的认识紧密相关?与施特劳斯同时代的史学家莫米利亚诺(Arnaldo Momigliano)谈到施特劳斯提出的哲学社会学问题时提到:"根据施特劳斯,哲学在中世纪犹太教徒和穆斯林中的危险状态类似于哲学在古希腊城邦中的危险状态——在古希腊城邦中,哲人颠覆公共秩序,而非为公共秩序辩护。"③在后面的状语从句中,莫米利亚诺无意间谈到了对施特劳斯的哲学社会学问题而言最重要的东西——古希腊传统中对哲学之颠覆性的认识。哲学是什么?这是每个致力于哲学学习的学生一开始都会遇到的问题,也是每个从事哲学活动的人都会反思的问题。

---

① STRAUSS L. Persecution and the Art of Writing[M]. Chicago:The University of Chicago Press, 1988:8.
② STRAUSS L. Persecution and the Art of Writing[M]. Chicago:The University of Chicago Press, 1988:21.
③ MOMIGLIANO A. Essays on Ancient and Modern Judaism [M]. BERTI S, ed. MASELLA-GAYLEY M, trans. Chicago:The University of Chicago Press, 1994:181.

第二章　施特劳斯对双重教诲传统的柏拉图式解释

德勒兹和迦塔利的《什么是哲学》中有这样的描述："我搞了一辈子这个东西,可它究竟是什么?"①他们随后给出的说法是:"哲学就是一门形成、创造和制造概念的艺术。"②如果说哲学在于创造概念,那哲人就是那个创造概念的人,而这也意味着,只有通过创造概念,哲学才成为可能。确实,他们随后指出,"哲人是概念之友","柏拉图说,必须静观理念,那他首先得把'理念'这个概念创造出来","要是有人这样评价一位哲人,他没有创造什么概念,他没有创造他自己的概念,那这位哲人又有多少价值?"③如果说哲学在于创造概念,那概念又是什么? 这是德勒兹和迦塔利继续思考的问题。不过,这不是这里所要探讨的问题,因而就不再多言。但德勒兹和迦塔利最终的结论值得关注。他们提出:"哲学需要那个理解它的'非哲学',哲学需要'非哲学'的理解,正如艺术需要'非艺术',科学需要'非科学'。它们在形成和发展的过程中,时刻都需要那个'非'。"④由此可知,对于德勒兹和迦塔利而言,哲学与非哲学之间不是对立的,而是潜在地互为一体。德勒兹和迦塔利虽然区别了哲学与非哲学,区别了创造概念的人与不创造概念的人,但远没有大胆地提出哲人与大众的紧张这种柏拉图式论断。德勒兹和迦塔利以一种不同的方式来理解哲学的本质,因而也以一种不同的方式来理解哲学与非哲学的关系。与德勒兹和迦塔利不同,施特劳斯以一种远古的方式——柏拉图式的方式来理解哲学。施特劳斯的文集《什么是政治哲学》虽然探讨的是政治哲学相关问题,但也探讨了什么是哲学这个问题。施特劳斯指出,哲学是"探求智慧",是"探求关于整全的普遍知识",是"用关于整全的知识取代关于整全的意见"⑤。这里,施特劳斯一字不说哲学的颠覆性,但无一句不在说哲

---

① DELEUZE G, GUATTARI F. What is Philosophy[M]. TOMLINSON H, BURCHELL G, trans. New York: Columbia University Press, 1994: 1.
② DELEUZE G, GUATTARI F. What is Philosophy[M]. TOMLINSON H, BURCHELL G, trans. New York: Columbia University Press, 1994: 2.
③ DELEUZE G, GUATTARI F. What is Philosophy[M]. TOMLINSON H, BURCHELL G, trans. New York: Columbia University Press, 1994: 5-6.
④ DELEUZE G, GUATTARI F. What is Philosophy[M]. TOMLINSON H, BURCHELL G, trans. New York: Columbia University Press, 1994: 218.
⑤ STRAUSS L. What is Political Philosophy [M]//STRAUSS L. What is Political Philosophy and Other Studies. Chicago: The University of Chicago Press, 1988: 11.

学的颠覆性。正是因为如此,施特劳斯后面表示,由于哲学要做的是把意见上升为科学,因而哲学在跟意见领域也就是人类生活发生联系的过程中,哲学不得不反思这些问题:哲学是好的吗?是正当的吗?是人类生活所需的吗?哲学不得不在人类生活的法庭上为自己辩护。① 在人类生活面前为自己辩护,也就是在政治生活面前为自己辩护,因为人类生活本质上就是政治生活("人是政治的动物"意义上的政治生活,而非"政治家"意义上的政治生活)。施特劳斯认为,柏拉图的《理想国》以及其他古典哲人的政治哲学著作,实际上都是致力于为哲学在政治面前进行辩护。它们通过表明政治共同体的幸福取决于哲学研究,从而为哲学在政治面前辩护。② 哲学需要在政治生活的法庭上为自己辩护,正是预设了大众对哲学的不信任或厌恶,否则哲学无须辩护哲学是好是坏,是正义是不正义。在这个地方,果不出其然,施特劳斯再次提到,苏格拉底本人就是大众对哲学的偏见的牺牲品。③

然而,我们还是要问,为何施特劳斯秉持哲学的少数与非哲学的大多数之间存在固有的紧张和冲突?哲学具有颠覆性,难道人一学了哲学就跟不学哲学的人势不两立?对于现代人而言,这听起来不免可笑。这里不得不提施特劳斯对人之自然(*phusis*)存在差异的理解,即人之自然并非同质,而是异质。在古希腊宇宙观中,宇宙由实体构成,每种实体拥有区别于其他实体的特性,这种特性便是自然,人、马、树、石头等都有其自然。④ 换句话说,宇宙是异质的,宇宙之下有不同的实体,每种实体都有其独特的自然特性,不同实体之间无法转变,人就是人,马就是马,树就是树。如果说实体之间是异质的,那么每个种内部是否是异质的,即一个种下面是否可以分成不同的类?施特劳斯的回答可以说是肯定的。他认为宇宙的本质投射到每种实体上,每种实体都像宇宙一般具有异质性。施

---

① STRAUSS L. On Classical Political Philosophy[M]//STRAUSS L. What is Political Philosophy and Other Studies. Chicago:The University of Chicago Press,1988:92.
②③ STRAUSS L. On Classical Political Philosophy[M]//STRAUSS L. What is Political Philosophy and Other Studies. Chicago:The University of Chicago Press,1988:93.
④ OAKESHOTT M. Lectures in the History of Political Thought[M]. NARDIN T,O'SULLIVAN L,eds. Exeter:Imprint Academic,2006:36.

特劳斯花过大力气分析阿里斯托芬笔下的苏格拉底。施特劳斯认为苏格拉底教导村夫斯瑞西阿得斯(Strepsiades)时犯了一个大忌,那就是,苏格拉底像教其他学生一样教斯瑞西阿得斯,没有充分考虑人之自然的差异。施特劳斯这样说道:"我们不能忽视这样一个事实,他是在云神要求他对斯瑞西阿得斯进行考验之后他才这么做。他自己可能都想不到。云神比苏格拉底更清楚地意识到了人类在记忆力和智力方面的自然差异的重要性。"①总的说来,在施特劳斯看来,"这位研习自然的学生没有恰如其分地考虑自然最重要的方面:人与人之间的自然差异。"②施特劳斯强调,人之自然存在差异,都是人,但不同人的自然有所不同,有些人的自然是哲学的自然,有些人的自然是非哲学的自然。苏格拉底没有事先测试斯瑞西阿得斯是不是具有哲学的自然,就向其传授哲学教诲实在是一种冒险之举。果不其然,斯瑞西阿得斯还真是没有哲学的自然,苏格拉底的思想所也因此被毁,付出了沉重的代价。

如果说人之自然存在差异,那哲人以及一个人是否有能力从事哲学活动是不是就是天生的?施特劳斯没有具体讨论这个问题。不过,在解读卢克莱修的过程中,施特劳斯对这个问题有所涉及。卢克莱修的《物性论》是一篇哲学长诗。卢克莱修发展了原子论,反对所有的非原子论。③ 卢克莱修说,他这个哲学长诗是献给明米佑(Memmius)的。但施特劳斯怀疑,卢克莱修的这个哲学长诗是否能够取悦明米佑。施特劳斯说道:"如果真理只是令人愉快的,他对明米佑的爱就足以驱使他写下这首诗,但既然事实并非如此,明米佑或诗人认识的其他任何人是否会为这首诗感到高兴就很难说了。"④施特劳斯作出这种担心的理由是,激情妨碍大多数人接受真理。但施特劳斯随即又表明,替卢克莱修操这个心是

---

① STRAUSS L. Socrates and Aristophanes[M]. Chicago:The University of Chicago Press,1980:22.
② STRAUSS L. Socrates and Aristophanes[M]. Chicago:The University of Chicago Press,1980:49.
③ 卢克莱修.物性论[M].方书春,译.北京:商务印书馆,1981:49.
④ 施特劳斯.评卢克莱修[M]//施特劳斯.古今自由主义.马志娟,译.南京:江苏人民出版社,2012:107.

多余的,因为卢克莱修对激情有着深刻的理解,拥有处理这个问题的艺术。① 从施特劳斯对卢克莱修的这段评论中不难发现,施特劳斯并不认为人之自然是一个天生且固定不变的东西。相反,它是可以转变的。它与激情紧密相关。一旦做到不让激情阻止着接受真理,那就可能拥有接受真理的自然。当然,从整体上而言,人与人的自然还是存在差异,因为激情不会消失,总有人被激情阻止着接受真理。

从施特劳斯的其他著作中也可以看出,施特劳斯并不认为所有人都可以拥有哲学的自然,因为一旦如此,那人之自然就具有了同质性,没有了异质性(宇宙具有异质性,作为宇宙之一的人显然也具有异质性)。在人之自然问题上,施特劳斯与苏格拉底和柏拉图所见相同。苏格拉底和柏拉图亦是主张人之自然有所差异,且人之自然不是天生就一劳永逸。在《理想国》中,苏格拉底说,每个人的自然都有所不同,有些人适合做这个,有些人适合做那个(370a)。这里值得注意的是,人的自然跟性别无关(455d)。比如,哲学的自然并不一定是男性独有,而是男性或女性都可能拥有。再后面,苏格拉底说到了哲人王的自然,乃是记忆力好,学得快,高尚优雅,是真理、正义、勇气和节制的朋友,拥有这种自然的人经过教育成熟之后可以管理城邦(487a)。如果说拥有哲人王自然的人得经过教育,成熟之后可以管理城邦,那苏格拉底和柏拉图意义上的人之自然显然不是生而定乾坤的东西,而是离不开后天的教育和努力。也就是说,柏拉图意义上的人之自然不是存在(being)意义上的,而是生成(becoming)意义上的。正如宋继杰所指出:"以为 phusis 相当于巴门尼德的 being,那就大错特错了……phusis 是在流变的意义上被领会的,因此它只能相当于巴门尼德的 becoming……。"② 不过,施特劳斯对人之自然的这种古典理解,并没有被精准地捕捉到。

绪论中提到,施特劳斯关于双重教诲传统的说法,英美学界并不买账。有人认为施特劳斯的这些说法是信口开河,也有人认为施特劳斯旨

---

① 施特劳斯.评卢克莱修[M]//施特劳斯.古今自由主义.马志娟,译.南京:江苏人民出版社,2012:107.
② 宋继杰.柏拉图《克拉底鲁篇》中的"人为—自然"之辨[J].世界哲学,2014(6):5-17,14.

在抵制现代平等观念,宣扬智识精英主义。梅尔泽在《字里行间的写作》中分析施特劳斯关于双重教诲传统的说法为何不被买账时,给出的解释之一便是:施特劳斯区分了哲学小众与非哲学大众,而这种观念是过时的,有违现代平等观念。① 不管是英美学界对施特劳斯的误解,还是梅尔泽对这些误解的反驳,可以说都没有真正触及施特劳斯对人之自然存在差异的理解,没有从施特劳斯的这一理解出发来探讨施特劳斯关于双重教诲传统的全部阐述。

第三节 哲人的审慎

在施特劳斯看来,对人之自然存在差异的理解使得前现代哲人具有了审慎品格。转而言之,理解双重教诲传统离不开对前现代哲人审慎品格的理解。1930 年代末,在结束对迈蒙尼德的研究不久,施特劳斯基于对双重教诲传统的发现而写了一篇题为《显白的教诲》的文章。其中,施特劳斯考察了最后一个完全明白双重教诲传统的思想家莱辛(Gotthold E. Lessing)对这个问题的思考,即莱布尼茨为何捍卫永罚和三位一体等正统信念——莱布尼茨可是 17 世纪的亚里士多德。施特劳斯看到,根据莱辛的观点,莱布尼茨为永罚信念进行辩护是表面上的,莱布尼茨如古代哲人一般采取了显白写作,传达了显白教诲。但是,莱布尼茨为何采取显白写作,给出显白教诲? 施特劳斯进一步看到莱辛的解释,这是因为莱布尼茨同古代哲人一样,认为有必要审慎地传达哲学真理。直白地传达哲学真理未必妥当,用合适的方法教诲正统信念也未必不妥当。毕竟,正统信仰具有道德教化作用,一定程度上有益于社会秩序。对于莱辛的解答,施特劳斯十分认可。讲完莱辛的解释之后,施特劳斯特意强调:"故显白言辞和隐微言辞的区分与任何一种'神秘论'都如此地不相干,以致这样

---

① MELZER A M. Philosophy Between the Lines: the Lost History of Esoteric Writing [M]. Chicago: The University of Chicago Press, 2014: 116 - 118.

的区分只是出于审慎。"①

在施特劳斯看来,审慎是哲人的代名词。作为一种实践智慧,审慎和哲人如影随形。如果哲人不具有审慎品格,那就不再是哲人。施特劳斯曾经做过以"政治科学的起源与苏格拉底问题"为题的系列讲座。在这六次讲座中,施特劳斯解释了何以自苏格拉底伊始,审慎是哲人的特性所在。苏格拉底没有著作留世,其人其事主要是通过他人的记载为我们所知。对于苏格拉底的解读,施特劳斯借助的是阿里斯托芬、色诺芬、柏拉图等人的作品。阿里斯托芬的《云》讲了这样一个故事:村夫斯瑞西阿得斯(Strepsiades)娶了个贵族女,养了个败家儿子斐狄比得斯(Pheidippides),欠了一身债。为了赖债,斯老头去苏格拉底办的思想所,希望跟着苏格拉底学会辩论,到时在法庭上诡辩赖债。但是,由于年老忘事,怎么学都无济于事,斯老头便只好听苏格拉底的建议,让败家儿子代替自己学。但想不到的是,败家子学会辩论之后,不仅没帮老父亲赖债,反倒因为和老子在某个问题上意见不合而打起老子来了。一怒之下,斯老头带人掀了苏格拉底的思想所,一把火把它烧了个精光。从这个故事中,施特劳斯看到的是阿里斯托芬笔下的苏格拉底缺乏实践智慧或者说审慎。苏格拉底在教导斯老头的过程中,并不懂得如何因材施教、因势利导。首先,老头子只想学辩论,苏格拉底却教之以自然科学。其次,苏格拉底未事先考虑斯老头是否能够接受,就不假思索地说出了不承认城邦神的话。② 施特劳斯这样说道:"阿里斯托芬的苏格拉底的特征是令人吃惊地缺乏睿哲,缺乏实践智慧或审慎。"③ 为了说明阿里斯托芬笔下的苏格拉底缺乏实践智慧,施特劳斯还用剧中的云神进行了对比。施特劳斯强调,剧中的云神比苏格拉底更智慧,因为她们行动时总是审慎地考虑到苏格拉底的德性(勇敢、无畏与叛逆),以及缺陷(缺乏实践智慧或曰审慎),根据苏格拉底的实际情况跟苏格拉底对话。④

---

① 施特劳斯.显白的教诲[C]//施特劳斯.古典政治理性主义的重生.潘戈,编.郭振华,等译.北京:华夏出版社,2011:119.隐微主义(esotericism)不同于神秘主义(mysticism),也不同于诺斯替主义(灵知主义,gnosticism)。
②③ 施特劳斯.苏格拉底问题五讲[C]//施特劳斯.古典政治理性主义的重生.潘戈,编.郭振华,等译.北京:华夏出版社,2011:184.
④ 施特劳斯.苏格拉底问题五讲[C]//施特劳斯.古典政治理性主义的重生.潘戈,编.郭振华,等译.北京:华夏出版社,2011:187.

第二章 施特劳斯对双重教诲传统的柏拉图式解释

　　如果说阿里斯托芬笔下的苏格拉底是缺乏审慎、缺乏自知之明,只热衷于研究自然现象,不关注人事和政事,缺乏对人及人类生活的认识,那色诺芬和柏拉图笔下的苏格拉底明显不是。施特劳斯指出,色诺芬和柏拉图有力地反驳了阿里斯托芬对苏格拉底的指控。色诺芬和柏拉图说明,苏格拉底并不是像阿里斯托芬所嘲讽的那样缺乏自知之明。色诺芬是著名的历史学家,其《长征记》(*Anabasis*)被认为是一部伟大的史书和兵书。由于《长征记》对史实的叙述简洁而典雅,引人而生动,"其文体风格之美妙赛过其故事情节之动人",因而色诺芬同时也赢得了文人的盛名。① 在《长征记》中,色诺芬提到,记住别人的坏话、说别人坏话不是君子之为,铭记好事才是高贵、正义、虔敬的,也是更令人愉悦的。② 可以说,在为苏格拉底立传的时候,色诺芬坚持了这样的写作风格。色诺芬把苏格拉底描述得文雅又有耐性,完全不像阿里斯托芬那样,把苏格拉底描写得粗俗又急躁。③ 但是,色诺芬也有例外。有一次,色诺芬笔下这个文雅的苏格拉底对色诺芬说:"你个傻子!"④那么,色诺芬为何不保持一贯的风格,直接省略苏格拉底的这些粗话?施特劳斯指出,色诺芬这样安排,是为了透露苏格拉底独特的说话艺术。那就是,苏格拉底对不同的人说不同的话,对具有哲学素养的人说哲学的话,对其他人说好话。⑤ 阿里斯托芬笔下的苏格拉底乱说话,在未事先考察斯老头是否能够理解哲学真理、是否能够接受哲学真理的情况下,就不假思索地告知了哲学真理。但是,色诺芬却表明,苏格拉底实际上很会说话。

　　在施特劳斯看来,苏格拉底独特的说话艺术深深地影响了色诺芬。

---

① 色诺芬. 长征记[M]. 崔金戎,译. 北京:商务印书馆,1997:英译本序言,5.
② 色诺芬. 长征记[M]. 崔金戎,译. 北京:商务印书馆,1997:142. 施特劳斯. 苏格拉底问题五讲[C]//施特劳斯. 古典政治理性主义的重生. 潘戈,编. 郭振华,等译. 北京:华夏出版社,2011:192.
③ 施特劳斯. 苏格拉底问题五讲[C]//施特劳斯. 古典政治理性主义的重生. 潘戈,编. 郭振华,等译. 北京:华夏出版社,2011:193.
④ 色诺芬. 回忆苏格拉底[M]. 吴永泉,译. 北京:商务印书馆,2016:25.
⑤ 施特劳斯. 苏格拉底问题五讲[C]//施特劳斯. 古典政治理性主义的重生. 潘戈,编. 郭振华,等译. 北京:华夏出版社,2011:203-206.

受苏格拉底的影响,色诺芬也懂得如何对不同的人说不同的话。① 施特劳斯提醒我们这样一个故事,色诺芬的朋友普罗克西努斯(Proxenus)曾极力邀请色诺芬参加小居鲁士(Cyrus the Younger)发动的远征。作为著名修辞术大师高尔吉亚(Gorgias)的学生,普罗克西努斯相信通过正义而高贵的手段就能赢得功名利禄。结果,普罗克西努斯只能统治绅士,无法立威于士兵。相反,作为苏格拉底的学生,色诺芬却懂得如何通过赞美高贵美好的君子、谴责卑贱邪恶的小人而在所有人面前立足。不同于普罗克西努斯,色诺芬既可以统治绅士,也可以统治士兵。通过这样一个故事,施特劳斯再次提醒我们,色诺芬笔下的苏格拉底是最好的教育家。不同于那些研究自然世界的哲人,苏格拉底认识到,人的内心存在某种非理性的力量,无法用理性劝服。换言之,人类生活并不全然是理性的。②

色诺芬一方面通过描写苏格拉底与人交谈的技巧赞美了苏格拉底的美好品性,另一方面也通过描述苏格拉底与人交谈的内容而暗示了苏格拉底的哲学追求。在施特劳斯看来,在色诺芬对苏格拉底的描述中,最重要的是说苏格拉底从没有停止过对"什么是存在者"这个问题的思考。正是通过论述苏格拉底对这个问题的思考,色诺芬让我们得以知道,苏格拉底发现了整全。苏格拉底发现,整全不是一,不是同质的,而是异质的。政治事务自成一类,不可分割,不可化解。政治事务不同于非政治事务,不能化解为非政治事务。由于政治事务与非政治事务之间具有本质性差异,因而只能让政治事务保持其所是,不能强行将政治事务化解为非政治事务。③ 施特劳斯指出,这就是苏格拉底自己所谓的从疯狂到节制的转变。④ 不同于阿里斯托芬笔下的苏格拉底,色诺芬笔下的苏格拉底不再

---

① 施特劳斯. 苏格拉底问题五讲[C]//施特劳斯. 古典政治理性主义的重生. 潘戈,编. 郭振华,等译. 北京:华夏出版社,2011:192.
② 施特劳斯. 苏格拉底问题五讲[C]//施特劳斯. 古典政治理性主义的重生. 潘戈,编. 郭振华,等译. 北京:华夏出版社,2011:195.
③ 施特劳斯. 苏格拉底问题五讲[C]//施特劳斯. 古典政治理性主义的重生. 潘戈,编. 郭振华,等译. 北京:华夏出版社,2011:207.
④ 施特劳斯. 苏格拉底问题五讲[C]//施特劳斯. 古典政治理性主义的重生. 潘戈,编. 郭振华,等译. 北京:华夏出版社,2011:207. 参见 SEBELL D. The Socratic Turn: Knowledge of Good and Evil in an Age of Science[M]. Philadelphia: University of Pennsylvania Press, 2016:158, note 3.

疯狂,而是变得清醒、克制、谨慎、谦虚。色诺芬笔下的苏格拉底开始意识到,要尊重来自城邦以及一切相关事务的诉求,公正对待城邦生活中的各种主张。① 以此,施特劳斯表明,色诺芬笔下的苏格拉底并不像阿里斯托芬笔下的苏格拉底那样缺乏自知之明。相反,色诺芬笔下的苏格拉底热衷于研究人事和政事,认识到政治生活具有不可化解性和非理性的一面。

在施特劳斯看来,柏拉图呈现了一个同样的苏格拉底。柏拉图笔下的苏格拉底以反讽闻名。与人谈话时,苏格拉底总是表现出无知的一面,不说他知道的东西。当对方说出他相信正确的观念之后,苏格拉底开始不断地提问,直至对方发现自己的观点难以成立。反讽意味着掩饰,意味着说话者对自身智慧的掩饰。在施特劳斯看来,通过描写苏格拉底的反讽,柏拉图刻画了一个对不同的人说不同的话的苏格拉底,一个不喜欢回答问题、但喜欢提问题的苏格拉底。② 施特劳斯指出,除了说明苏格拉底独特的说话方式之外,柏拉图也像色诺芬那样说明了苏格拉底对人事和政事的关注。《理想国》可谓是柏拉图最广为人知的对话,它描述了苏格拉底等人对正义问题的讨论。其中,苏格拉底提出,正义在于给予每个人依其自然应得的东西,正义的城邦在于让每个人都做依据自然适合的事情。但如何实现这种完全理性的社会,保证人人都服从自然的赋予,不管是好是坏?苏格拉底暗示,必须借助劝诫和强力。一方面,劝诫大众服从依据自然适合统治之人的统治;另一方面,运用强力让大众服从这些人的统治。在施特劳斯看来,这说明柏拉图的苏格拉底同色诺芬的苏格拉底一样,都看清了理性和言说在政事方面的限度。③ 施特劳斯进一步暗示,柏拉图对苏格拉底这一特性的描写,最精妙地体现在《法律篇》对话人物的设置上。在《理想国》这部探索最佳政制的作品中,对话人物之一是苏格拉底,苏格拉底通过言辞创建了一个正义的城邦。但与此同时,苏格拉

---

① 施特劳斯. 苏格拉底问题五讲[C]//施特劳斯. 古典政治理性主义的重生. 潘戈,编. 郭振华,等译. 北京:华夏出版社,2011:197,208.
② 施特劳斯. 苏格拉底问题五讲[C]//施特劳斯. 古典政治理性主义的重生. 潘戈,编. 郭振华,等译. 北京:华夏出版社,2011:197,218-219.
③ 施特劳斯. 苏格拉底问题五讲[C]//施特劳斯. 古典政治理性主义的重生. 潘戈,编. 郭振华,等译. 北京:华夏出版社,2011:226.

底也揭示了政治生活固有的不完美。最明显的就是,在那样一个全然正义的城邦里,不是人人都幸福。在《法律篇》这部探讨如何在现实城邦中实现最佳政制的作品中,不带有理想主义的苏格拉底果然不是主要的对话者。施特劳斯指出,《法律篇》中苏格拉底的"缺席"再次表明,不同于阿里斯托芬笔下的苏格拉底,柏拉图笔下的苏格拉底具有实践智慧。苏格拉底深知城邦生活的本性,不企图改变或化解城邦生活。个人有可能实现完美,灵魂各个部分良好有序、各司其职,理性居于统治地位,其他部分服从理性的统治,但城邦决然不可能达到这种完美。①

前面提到,施特劳斯是在以"政治科学的起源与苏格拉底问题"为题的系列讲座中对苏格拉底问题进行了深入的阐述。可以发现,在这次讲座中,施特劳斯并没有提与苏格拉底密切相关的术语,比如苏格拉底的转向或苏格拉底的再次起航。但正如上面的分析所表明,施特劳斯实际上无时无刻不在描述苏格拉底的转向。当然,此转向非彼转向。按照西塞罗的说法,苏格拉底是第一个把哲学从天上拉到地上的人,甚至把哲学引入家庭,迫使哲学追问生活与习俗、好与坏。② 但是,施特劳斯却表明,苏格拉底的转向并不仅仅表现为研究内容的转变,更在于心性的转变。苏格拉底曾像智者一样教导自然哲学和修辞学,不研究人类生活和城邦生活,不具有实践智慧或审慎,就如阿里斯托芬所描述的那样。但是,苏格拉底后来发生了转向。他开始研究人事和政事,研究关于善、正义的意见,研究到底什么才是善、什么才是正义。他发现政治与非政治的东西之间存在根本性差异,发现前者永远都不可能还原为后者,因而只能让前者保持其所是。他不再疯狂,而是变得清醒、温良、节制,变得睿智,变得审慎,具有了实践智慧。我们总是把苏格拉底之前的哲学家称为前苏格拉底哲人。但是,苏格拉底与他们的不同到底在哪? 在何种意义上,苏格拉底改变了哲学的研究领域,开启了一种不一样的哲学或者说政治哲学? 可

---

① 施特劳斯.苏格拉底问题五讲[C]//施特劳斯.古典政治理性主义的重生.潘戈,编.郭振华,等译.北京:华夏出版社,2011:228-229.
② 施特劳斯.苏格拉底与政治学问的起源[C]//施特劳斯.苏格拉底问题与现代性:施特劳斯讲演与论文集:卷二.刘小枫,编.刘振,彭磊,等译.北京:华夏出版社,2016:315.

第二章　施特劳斯对双重教诲传统的柏拉图式解释

以看到,对于施特劳斯而言,苏格拉底与前苏格拉底哲人、与早期苏格拉底的根本不同在于,苏格拉底发生了从疯狂到节制的转变,苏格拉底不再缺乏实践智慧或曰审慎,而是具有了审慎品格。他提醒每一个哲人,需要审慎,需要懂得如何传递哲学教诲。苏格拉底问题为政治哲学的起源奠定了基础,苏格拉底的审慎转向为后世的哲人如何书写哲学奠定了基调。

施特劳斯大约于20世纪30年代中后期注意到双重教诲传统,于20世纪40年代初开始发表关于双重教诲传统的作品。但在20世纪40年代,施特劳斯的这些作品受到的关注并不多。20世纪50年代伊始,随着施特劳斯进入芝加哥大学工作,这些作品开始被更多的人所知。读者多了,批评也就多了。北美学界一些学者对施特劳斯的相关说法提出了不留情面的批评。面对批评,施特劳斯写了篇文章《注意一种被遗忘的写作艺术》(1954)发表在《芝加哥评论》(*Chicago Review*)上。正是在这篇文章中,施特劳斯较好地总结了双重教诲传统的缘由。施特劳斯指出,过去的哲人之所以区分显白教诲和隐微教诲,最根本的原因在于,意见是社会的基本要素。① 由于哲学试图用知识取代意见,但意见却是社会的基本要素,因而哲学的努力总是会危及社会。② 但是,哲人断不能破坏社会,一方面,哲人需要生活在社会之中;另一方面,哲学也需要社会的土壤,哲学离开了社会就变成了无本之木,因而哲人需要将本质上具有颠覆性的哲学教诲隐藏起来,只呈现有益于社会的显白教诲。这不仅涉及安全,也关乎责任。③ 不难发现,施特劳斯是回到了柏拉图的立场,以人与人之间始终存在理智差异、社会的基本要素是意见而非知识等主张为基

---

① 施特劳斯.注意一种被遗忘的写作艺术[M]//施特劳斯.什么是政治哲学.李世祥,等译.北京:华夏出版社,2011:215.
② 施特劳斯.注意一种被遗忘的写作艺术[M]//施特劳斯.什么是政治哲学.李世祥,等译.北京:华夏出版社,2011:215. 施特劳斯.理性与启示[C]//施特劳斯.苏格拉底问题与现代性:施特劳斯讲演与论文集:卷二.刘小枫,编.刘振,彭磊,等译.北京:华夏出版社,2016:209.
③ 施特劳斯.斯巴达精神或色诺芬的品味[M]//施特劳斯.苏格拉底问题与现代性:施特劳斯讲演与论文集:卷二.刘小枫,编.刘振,彭磊,等译.北京:华夏出版社,2016:32. 施特劳斯.理性与启示[C]//施特劳斯.苏格拉底问题与现代性:施特劳斯讲演与论文集:卷二.刘小枫,编.刘振,彭磊,等译.北京:华夏出版社,2016:209. 参见陈建洪.论施特劳斯[M].上海:华东师范大学出版社,2015:48-50.

础,来解释哲人为何传达双重教诲。因此,正如施特劳斯认为只有通过柏拉图才能理解迈蒙尼德等中世纪犹太哲人,我们也只有通过柏拉图才有可能理解施特劳斯的隐微说。不理解柏拉图对哲人与大众之冲突的强调、对哲学之颠覆性的强调、对意见与真知之冲突的强调、对哲人重回"洞穴"的强调,我们就无法理解施特劳斯关于双重教诲传统所说的全部。当然,与此同时,也要理解柏拉图对审慎品格的强调,因为这种品格对双重教诲现象的最终出现具有决定性影响,如果哲人面对意见是社会的基本要素、哲学对意见的挑战、哲学具有颠覆性等无动于衷,那双重教诲现象最终也没有可能出现。

值得注意的是,施特劳斯曾提及,双重教诲传统的出现还有一个原因,那就是教育具有哲学潜质的年轻人。对于哲人而言,吸引潜在的哲人、教育年轻的弟子也是重要工作所在,比如苏格拉底,就经常去市场吸引潜在的哲人。但是,如何教育却大有讲究。在苏格拉底那里,是通过辩证对话的方式。苏格拉底与年轻人不断地进行对话,通过让年轻人自己意识到自己的认识有所不足,而让年轻人推进哲学思考。简言之,苏格拉底不直接灌输哲学教诲。在迈蒙尼德那里,教育弟子的方式不再是口头教诲,而是通过写作,但写作是双重写作,同样是不直接灌输教诲,跟苏格拉底口头上的教诲方式具有相通之处。由于形势变化,迈蒙尼德需要通过书面形式将口传教诲传递给弟子约瑟夫。但是,迈蒙尼德不能直接写明哲学教诲,只能给出一些提示,引导约瑟夫自己去思考,让他自己去发现其中的隐秘教诲。当然,施特劳斯也注意到,在这种情况下,哲人对哲学教诲的隐藏是有限度的。这个限度就是,哲人不至于因为有所隐藏而无法启迪潜在的哲人。[①] 如果哲人把哲学教诲隐藏得极深,哲人或潜在的哲人察觉不出,那就不是一种成功的双重写作。教育学中有种教学法叫作苏格拉底式教学法,说的就是上面这个意思。老师不是一上来就直接给学生灌输知识,而是从学生的实际情况出发,鼓励学生提出自己的问题,帮助学生更清晰地形成自己的观点,耐心等待他们陈述自己的观点,

---

① STRAUSS L. Persecution and the Art of Writing[M]//STRAUSS L. Persecution and the Art of Writing. Chicago: The University of Chicago Press, 1988: 34 - 35.

然后就所涉问题展开讨论。不过,施特劳斯对这个原因论述的不多,因而在此不做过多强调。

第四节 施特劳斯对双重教诲传统的柏拉图式解释

关于哲人为何进行显白和隐微双重教诲,有一种观点认为,这是因为哲学本身具有隐蔽性。谢林(F. W. J. Schelling)在《布鲁诺对话》中表示:"哲学按其本质必然是隐微的(esoteric)。它从根本上就是神秘的。"①另外,海德格尔在其晦涩之作《哲学论稿》(Contributions to Philosophy)中也指出:"只要哲学追问这个基础问题(存有如何本现),那静默就是哲学的逻辑。哲学寻求'存有得以本现'的真理,这种真理就是暗示和回应本有的隐蔽性。"②但是,通过追溯施特劳斯对双重教诲现象的解释,可以发现,施特劳斯对这个问题作出了不同的回答。施特劳斯表明,双重教诲现象的出现,不是源于哲学的隐蔽性,而是源于哲学追求真知的本性以及由此造成的哲学与意见的冲突,以及哲人因深知意见是社会的基本要素而具有的审慎。如果说对于施特劳斯而言,双重教诲现象乃是源于哲学的本性以及哲人固有的本性,那可以说,在施特劳斯意义上,双重教诲现象是内在的,不是外在的,不是归结于外部原因。波尔特(Richard Polt)认为施特劳斯视野中的隐微主义是外在的,隐微现象乃是外部环境使然。③ 这样的观点显然有失偏颇。正如上所示,在施特劳斯视野中,隐微主义是内在的,不是外在的,因为它是哲学的本性以及哲人

---

① SCHELLING F W J. Bruno or On the Natural and the Divine Principle of Things [M]. BATER M G, trans. Albany: State University of New York Press, 1984: 133.
② HEIDEGGER M. Contributions to Philosophy (From Enowning) [M]. EMAD P, MALY K, trans. Bloomington: Indiana University Press, 1999: 54 – 55.
③ POLT R. The Emergency of Being: On Heidegger's Contributions to Philosophy [M]. Ithaca: Cornell University Press, 2006: 16.

所固有的实践智慧或曰审慎使然。

总的说来,施特劳斯对隐微主义或者说双重教诲现象的解释是一种柏拉图式解释。施特劳斯回归古典传统的宇宙观,回归柏拉图,用柏拉图的经典主题——意见与知识之分、意见是社会的基本要素、哲人与大众的内在紧张、哲人的审慎等来解释双重教诲现象。借助施特劳斯对双重教诲传统的柏拉图式解释,我们便可以理解,为何双重教诲传统在18世纪后逐渐没了踪影。哲学还是那哲学,但哲人已不再是那哲人。现代哲人不再像前现代哲人那样看待人之自然,不再认为书写哲学需要审慎,因而渐渐抛弃了这种历史悠久的写作传统。最终,这种历史悠久的传统逐渐销声匿迹,甚至遭到抵制。

发现双重教诲传统对施特劳斯的影响不可谓不大。其中之一便是,施特劳斯提出,在理解过去的作品时,要注意作者的显白和隐微教诲之分,理解这种区分对于理解过去的思想极为重要。下面第二部分,即第三至五章将对施特劳斯的诠释学思想进行考察,探讨施特劳斯为何主张理解作者的显白和隐微教诲之分对于理解过去的思想非常重要,以及根据施特劳斯,如何才能实现这种区分,从而有助于理解过去的思想。第三和第四章试图说明,施特劳斯之所以认为理解这种区分对于理解过去的思想非常重要,是因为施特劳斯坚持这样的解释原则,即只有像作者理解自己一样理解作者,才有望真正地理解作者;施特劳斯认为,注意作者的显白和隐微教诲之分,首先是要注意作者的显白教诲,只有在充分理解作者显白教诲的基础之上,才有可能将作者隐藏在显白教诲后面的隐微教诲揭示出来。通过探讨这两个问题,第五章试图说明,施特劳斯关于如何解读过去思想的论述可被称作是一种政治哲学诠释学。

第三章

施特劳斯的诠释学原则(一):
像作者理解自己一样理解作者

第一节　像作者理解自己一样理解作者

施特劳斯提出"理解作者的显白和隐微教诲之分对于理解过去的思想非常重要",与施特劳斯坚持"像作者理解自己一样理解作者(to understand the author as he understood himself)"紧密相关。施特劳斯认为,只有尽力像作者理解自己一样去理解作者,才有可能实现对作者的正确理解。虽然这样不一定就能够实现对作者的正确理解,但不这样做的话,就更不可能正确地理解作者了。因为如果不像作者理解自己一样理解作者的话,理解的就不是作者本身,而只是读者自己所构想出来的那个作者。正是基于这样的诠释原则,施特劳斯提出,如果过去的作者区分了隐微教诲和显白教诲,那解读者只有正视这种区分,才能恰切地勾勒出作者本身,否则就勾勒不出作者的真实样貌。施特劳斯多次阐述了这样的诠释原则。比如,谈到如何着手研究中古哲学的时候,施特劳斯表示,思想史家的任务是"恰如过去思想家理解自身那样去理解他们,或依据他们的自我解释令其思想再现生机"[①]。施特劳斯提出,为了客观地理解过去的思想家,只能如他们理解自身那样去理解他们。解读者以自己的时代处境和人生经验等去理解作者,只会导致对作者一种不客观的理解。

施特劳斯的这条原则并不难理解,无非是说,对作者的理解可以有多

[①] STRAUSS L. How to Begin to Study Medieval Philosophy[M]//STRAUSS L. The Rebirth of Classical Political Rationalism: An Introduction to the Thought of Leo Strauss. PANGLE T L, ed. Chicago: The University of Chicago Press, 1989: 209.

种,解读者可以想怎么理解就怎么理解。但是,对这个作者的真正理解却只有一种,那就是作者自己是怎么理解的,那读者就怎么理解。打个比方,一千个读者有一千个哈姆雷特。根据施特劳斯的阐述,这一千个读者心目中的哈姆雷特实际上都只是读者所理解的哈姆雷特,并不是莎士比亚心中的那个哈姆雷特。读者按照自己的理解勾勒了这样那样的哈姆雷特,并不能说真正地理解了莎士比亚心中的那个哈姆雷特。莎士比亚在描述哈姆雷特的时候,他心中有一个那样的哈姆雷特,并通过文字刻画了那样一个哈姆雷特。对莎士比亚的哈姆雷特的真正理解,只能是找寻到莎士比亚心中的那个哈姆雷特。

在其著述中,施特劳斯多次强调了这一原则。施特劳斯的第一本著作是《斯宾诺莎的宗教批判》。多年之后,施特劳斯重述斯宾诺莎,写了一篇论如何研究斯宾诺莎的《神学政治论》的文章。在这篇文章中,施特劳斯开篇先探讨了这样一个问题:为何需要对《神学政治论》这本几百年前的古书展开新的研究。施特劳斯表示,理由很简单:《神学政治论》是以理性主义或世俗论抨击启示信仰的经典文献。由于理性与启示的冲突在20世纪又复活了,又成了人们关注的焦点,因而重新研究这部经典文献有助于人们获得前贤对这个问题的经典思考。施特劳斯指出,这样一来,由于重翻此书旨在挖掘斯宾诺莎在理性与信仰之争问题上的智慧,因而阅读时应该"尽量专注地倾听斯宾诺莎,并尽一切努力按斯宾诺莎的意思准确理解他的话语",否则"就很有可能用我们的愚蠢毁掉了斯宾诺莎的智慧"①。在与伽达默尔的通信中,施特劳斯也强调了这个原则。《真理与方法》(*Wahrheit und Methode*)出版之后,伽达默尔给施特劳斯寄了这本新作。施特劳斯后来致信伽达默尔,就这本著作谈了几点感想。伽达默尔随后回信给施特劳斯,对施特劳斯的批评作出回应。施特劳斯再次致信伽达默尔。正是在这次信件中,施特劳斯明确表示:"地道的解释所关心的是如其所想地理解别人的思想。若一种诠释学理论……更加强调

---

① STRAUSS L. How to Begin to Study Medieval Philosophy[M]//STRAUSS L. The Rebirth of Classical Political Rationalism: An Introduction to the Thought of Leo Strauss. PANGLE T L, ed. Chicago: The University of Chicago Press, 1989: 143.

解释(而非文本)本质上传达的特性,我依然是不能接受它。"①

第二节 历史的理解

那么,施特劳斯为何坚持这一原则,认为应该像作者理解自己一样理解作者?这就不得不涉及施特劳斯对"历史的理解"(historical understanding)的定义。让我们从英国哲学家和历史学家柯林伍德(R. G. Collingwood)对"历史的理解"的定义开始说起。在柯林伍德看来,历史学家研究的不是历史事件,而是历史人物的行动。由于一个人的行动往往源于内心的想法,因而历史学家有必要辨识行动者的内心想法。比如,面对布鲁图斯刺死了恺撒这个历史事件,历史学家需要思考的是,布鲁图斯想了什么,以至于要刺死恺撒。那么,历史学家如何能够辨识行动者的思想呢?柯林伍德提出,只有一个方法,那就是把自己放到那个行动中去,在自己的心灵中重新思想它们。②所以,在柯林伍德看来,当人们阅读柏拉图的著作之际,需要在自己的心中重演柏拉图的思想。柯林伍德这样说道:"一个阅读柏拉图的哲学史家是在试图了解,当柏拉图用某些字句来表达他自己时,柏拉图想的是什么。哲学史家能做到这一点的唯一方法,就是由他自己来思想它。"③由于重演他人的思想是积极的、主动的,意味着对他人思想的批评,因而柯林伍德进一步提出,历史学家不仅只是"重演过去的思想",也是"在他自己的知识结构之中重演它",在重演它时,也就"批判了它",并形成了他自己对它的价值判断,纠正了他在其中所能识别的任何错误。④不难发现,根据柯林伍德,在解读过去的思想之际,"历史的理解"指解读者在自己的心灵中重演作者的思想,并基

---

① 施特劳斯等. 回归古典政治哲学:施特劳斯通信集[M]. 迈尔,编. 朱雁冰,何鸿藻,译. 北京:华夏出版社,2006:418.
② 柯林伍德. 历史的观念[M]. 何兆武,张文杰,译. 北京:商务印书馆,1997:301,303.
③④ 柯林伍德. 历史的观念[M]. 何兆武,张文杰,译. 北京:商务印书馆,1997:303.

于重演而对之加以评判或批评。

对于柯林伍德的说法,施特劳斯提出了异议。确切地说,施特劳斯并不反对柯林伍德所说的"重演作者的思想",但对柯林伍德重演作者思想的方式提出了异议。在施特劳斯看来,重演作者的思想,意味着在正视作者的基础上,首先尝试站到作者的视域中,从作者的视角出发重新思考作者的思想,而不是一股脑地从解读者自身的时代和知识结构出发重新思考作者的思想并对它进行评判。从解读者自身的角度出发去思考作者的思想,算不上真正的重演,从解读者自身的视角出发对作者进行评判和批评,就更算不上是重演了。在评论柯林伍德历史哲学的文章中,施特劳斯表示,一看到柏拉图的《理想国》,就进行评判,是不怎么合适的。施特劳斯这样说道:"重演柏拉图《理想国》中表达的思想,意味着先把柏拉图描绘的完美社会秩序理解为完美社会的模型,柯林伍德对过去思想的态度实际上是一个旁观者的态度:他从外面去观察某个早期思想与那个时代的关系。"①施特劳斯发现,在柯林伍德不像作者理解自己一样理解作者的背后,是柯林伍德并没有动力去重演过去的思想,因为柯林伍德不认为过去的思想可能是真理,不试图严肃对待过去的思想。② 柯林伍德坚持"当代精神"的原则,坚持用当代的观点去理解过去的思想,试图用当代的观点对过去的思想加以判断和批评。对此,施特劳斯评论道,不管"进步"的含义究竟是什么,进步意识一定要求解读者"如过去实际所是的样子去认识过去的思想",否则,解读者所比较的,要么是"解读者自己的思想和它在古代材料中的反映",要么是"自己的思想和它跟过去的思想相混杂之后的混合体"③。

据柯林伍德自己所言,"历史的理解"遵循历史主义的原则。但柯林伍德所定义和实践的"历史的理解"是否真的符合历史主义所主张的原

---

① 施特劳斯.评柯林伍德的历史哲学[C]//施特劳斯.苏格拉底问题与现代性:施特劳斯讲演与论文集:卷二.刘小枫,编.刘振,彭磊,等译.北京:华夏出版社,2016:259.
② 施特劳斯.评柯林伍德的历史哲学[C]//施特劳斯.苏格拉底问题与现代性:施特劳斯讲演与论文集:卷二.刘小枫,编.刘振,彭磊,等译.北京:华夏出版社,2016:260.
③ 施特劳斯.评柯林伍德的历史哲学[C]//施特劳斯.苏格拉底问题与现代性:施特劳斯讲演与论文集:卷二.刘小枫,编.刘振,彭磊,等译.北京:华夏出版社,2016:262.

则？答案似乎是否定的。根据历史主义，人类思想是时代精神的产物，所有思想都依赖于特定的历史背景，因而对过去思想的理解应该结合思想所产生的那个时代背景，从彼时的历史情境出发进行把握。此外，为了揭开过去思想的真实面目，对过去思想的解读要遵循准确性和客观性标准。在施特劳斯看来，柯林伍德等所理解的"历史的理解"根本就不忠实于历史主义的原则，它既不是从思想所产生的时代背景出发进行理解，也不遵循客观性和准确性标准。施特劳斯提出，准确性和客观性标准意味着，"历史的理解"要从历史性思想本身出发去理解历史性思想，或者说像过去的作者理解自身那样去理解作者，而不是像柯林伍德所说的那样，解读者从自身出发对过去的思想进行演绎。直白地说，历史的理解意味着严肃对待过去的思想，后人站到前人的视角上进行评判，而不是从现在的角度加以评判，后人站在后人自己的立场上进行评判。施特劳斯说道："历史的理解意味着恰如先前作家理解自身那样去理解他，相信自己的或自己所处时代的进路高于过去的进路，对于历史的理解来说具有致命性。"①

在这里，施特劳斯实际上是对"比作者理解自己还更好地理解作者(to understand the author better than he understood himself)"观点提出了质疑。"比作者理解自己还更好地理解作者"这一观点最早见于康德的思想。在探讨柏拉图的理念之际，康德谈道："通过比较一位作者关于自己的对象所表达的思想，甚至比他理解自己还更好地理解他，根本不是什么非同寻常的事情，因为他并没有充分地规定自己的概念，从而有时所言所思有悖于他自己的意图。"②后来，施莱尔马赫也提出了类似的说法："我们说我们必须有意识地掌握作者的语言学领域（语法、语词等——作者注），而非其语言的其他方面，是指我们比作者理解自身还更好地理解作者。……很多东西作者本人没有意识到，但我们必须意识到。"③狄尔

---

① 施特劳斯.如何着手研究中古哲学[M]//施特劳斯.古典政治理性主义的重生.潘戈，编.郭振华，等译.北京：华夏出版社，2011：278,279-280.
② 康德.纯粹理性批判[M].第二版.李秋零，译.北京：中国人民大学出版社，2004：241.
③ SCHLEIERMACHER F D E. Grammatical and Technical Interpretation [M]// MUELLER-VOLLMER K, ed. The Hermeneutics Reader. New York：Continuum，1998：87.

施特劳斯的诠释学创新

泰发展了施莱尔马赫的一般诠释学,并将诠释与人的历史语境联系起来。狄尔泰提出,诠释是历史的,因为人所诠释的对象是历史地流传下来的客体,而且人必须在他自己所处的时代以及历史立场的视域之内来理解客体。① 因此,狄尔泰同样认为,可以比作者理解自己更好地理解作者。他这样说道:"诠释学程序的最终目的就是比作者理解他自己还更好地理解作者。"② 但是,在施特劳斯看来,相信能够比作者理解自己更好地理解作者并不能真正地理解以往的思想,因为这样的原则预设了"过去的思想是过时的,后人可以评价它、批评它"这样一种观念,导致解读者不乐意严肃对待过去的思想,不乐意把过去作者所说的当成是真的,更不乐意向他们学习。可以看到,在谈论该如何研究中古哲学的时候,施特劳斯表明:"如果我们有兴趣充分地了解中古哲学,那我们就必须愿意考虑这种可能:中古哲学完全正确,说得明白点,在最重要的方面,中古哲学胜过我们能够从当代哲学中学到的所有东西。只有当我们准备好向中古哲学学习,而不仅仅是学一些关于中古哲学的东西,我们才能理解中古哲学。"③

第三节 施特劳斯的现代性批判

在施特劳斯看来,只有严肃对待过去的思想,相信它们是对的,才有可能真正地理解过去的思想;只有回归作者,仔细地聆听作者,才有可能真正听懂作者到底说了什么。在这种观点的背后,是施特劳斯对

---

① 帕尔默.诠释学[M].潘德荣,译.北京:商务印书馆,2014:160.
② 狄尔泰.诠释学的起源[M]//洪汉鼎.理解与解释:诠释学经典文选.北京:东方出版社,2001:91.
③ STRAUSS L. How to Begin to Study Medieval Philosophy[C]//STRAUSS L. The Rebirth of Classical Political Rationalism:An Introduction to the Thought of Leo Strauss. PANGLE T L, ed. Chicago:The University of Chicago Press, 1989:211.

第三章 施特劳斯的诠释学原则（一）：像作者理解自己一样理解作者

现代进步观念的批判。17世纪末、18世纪初，法国文学界出现了一场关于是古代戏剧还是现代戏剧更胜一筹的争论。不过，这样的争论没有局限于文学领域，而是蔓延到了历史文化、人文科学和社会科学等各个领域。在这场声势浩大的"古今之争"中，崇今派胜出，进步观念开始出现，进步意识成为时代精神。比如，康德和黑格尔都认为，历史是进步的，或由于道德的进步，或由于理性的进步。① 但进步观念盛行两个世纪之后，施特劳斯对进步观念说出了不。施特劳斯振聋发聩但又节制地提出，现代西方文明在道德上没有什么进步，在理性上也没有什么进步。现代西方文明不仅没有进步，反而不断没落，最终在20世纪出现了现代性危机！

让我们先来看施特劳斯对现代理性主义的批评。施特劳斯从一开始便看到了现代理性主义的问题。早在第一部著作《斯宾诺莎的宗教批判》中，施特劳斯就通过仔细考察斯宾诺莎的宗教批判、特别是斯宾诺莎基于理性对《圣经》的批判而看到，现代理性荏弱无力，并无法驳倒启示，最终只能通过嘲笑将启示排挤出局。在20世纪60年代初为此著作所写的英译版前言中，施特劳斯说道："斯宾诺莎无法正当地否认启示的可能性。……我开始想要知道，理性的自我毁灭是否是现代理性主义不可避免的结果。"② 在施特劳斯看来，现代意义上的理性只能通过嘲笑将启示排挤出局，正是因为现代意义上的理性不是进步了，而是退步了。古典理性主义尚且以一种整全的眼光来看待存在，认为存在神秘、不可捉摸，但现代理性主义却认为存在首先意味着在场，乃至现成在手，认为最高意义上的存在意味着永远在场，乃至永远存在。③ 讲到苏格拉底之死的时候，施特劳斯讲到，苏格拉底是最有智慧的人，因为他自知无知，知道人的智慧渺小。相比之下，克力同是视野狭隘的人，因为克力同"不相信命相神

---

① 康德.重提这个问题：人类是在不断朝着改善前进吗[M]//康德.历史理性批判文集.何兆武，译.北京：商务印书馆，1996：145-163；黑格尔.历史哲学[M].王造时，译.上海：上海书店出版社，2001：8-80.
② 施特劳斯.斯宾诺莎的宗教批判[M].李永晶，译.北京：华夏出版社，2013：54,57.
③ 施特劳斯.海德格尔式存在主义导言[C]//施特劳斯.古典政治理性主义的重生.潘戈，编.郭振华，等译.北京：华夏出版社，2011：90.

灵……对超越他的领域和他的经验之外的事物毫无兴趣"①。克力同虽然不是现代人,但施特劳斯对克力同与苏格拉底之差距的分析未尝不是对现代理性主义与古典理性主义之差距的揭示。在现代理性主义中,理性是狭隘的,理性只看到或只愿看到它能够看到并能够理解的东西。正是在这个意义上,施特劳斯感慨,西方要向东方学习。他说道:"存在意味着不可捉摸,意味着一种神秘。这是对存在的东方式理解。因是之故,东方并无主宰意志。仅当我们变得能够向东方特别是向中国学习时,我们才能指望超越技术性世俗社会,我们才能希冀一个真正的世俗社会。"②

然而,施特劳斯认为,视界的缩小不是现代理性的全部问题所在,现代理性的问题还在于,在它越来越狭隘和自信的同时,还凭借这种自信与自然愈走愈远,它远离了自然、自然自由与善的世界,创造了德性、理性、道德自由以及历史的世界。③ 这一切还得从马基雅维利开始说起。马基雅维利认为以前的政治哲学传统是徒劳的,因为古典政治哲学探讨人应该怎么生活,没有探讨人实际上怎么生活。因此,他提议,要把目光降下来,看人实际上怎么生活,而不是看人应该怎么生活。马基雅维利的现实主义路径的后果是,德性不再是国家为之存在的东西,相反,德性仅仅是为了国家的缘故而存在。霍布斯沿着马基雅维利开创的现实主义路径前行,提出国家的目的只是保卫和平,保障民众的安全。霍布斯跟马基雅维利一样简化了传统的道德法则,但不是像马基雅维利那样把德性简化成政治德性,而是把德性简化成了只是有利于和平的社会德性。在霍布斯那里,与和平无关的德性,勇气、节制、慷慨、智慧等,都不再是严格意义上的德性。另外,正义的含义也发生了很大的变化,正义更多的是履行契约,而非传统的交换正义、分配正义或十诫所教导的正义。不过,霍布斯虽然跟马

---

① 施特劳斯.论柏拉图的《苏格拉底的申辩》和《克力同》[M]//施特劳斯.柏拉图式政治哲学研究.张缨,等译.北京:华夏出版社,2012:81.
② 施特劳斯.海德格尔式存在主义导言[C]//施特劳斯.古典政治理性主义的重生.潘戈,编.郭振华,等译.北京:华夏出版社,2011:90.
③ 施特劳斯.现代性的三次浪潮[C]//施特劳斯.苏格拉底问题与现代性:施特劳斯讲演与论文集:卷二.刘小枫,编.刘振,彭磊,等译.北京:华夏出版社,2016:327.

第三章 施特劳斯的诠释学原则（一）：像作者理解自己一样理解作者

基雅维利一样简化了传统的道德法则，但至少保留了自然法——马基雅维利不怎么谈论自然法。霍布斯虽然保留了自然法概念，却对传统的自然法进行了改造。在霍布斯看来，自然法不是绝对的，它有个不能缺失的前提，那就是自我保存的自然权利。自然义务只有在其施行不至于危及人的自我保存时才具有约束力。霍布斯对自然的若即若离昭示了现代社会对自然的抛弃。卢梭把霍布斯的自然状态概念彻底化。在卢梭看来，自然状态中的人尚未形成真正意义上的人性，人在漫长的历史进程中方才获得人性或理性。也就是说，人的自然本性不足以指导人的生活，人必须依靠理性。合乎理性的便是善的。要是在合乎理性的基础上又具有普遍性，那就是不折不扣的善。如果说卢梭的普遍意志使得善摆脱了对人之自然的考量，那康德的道德律更是使得道德理想以及政治理想与自然隔绝：道德理想与政治理想的建立不再需要考虑人之自然，自然被理性所取代。

在施特劳斯看来，抛弃自然的后果是严重的。"文明有一个自然的基础，这是它发现而非创造的，它依赖于这个基础，对这个基础它只有十分有限的影响。征服自然，如果不被看成高度诗意的夸张，就是个荒谬的说法。"① 文明的基础一旦被弃绝，文明的支柱，即道德与科学的统一，也就怦然崩塌，虚无主义开始成为时代精神。② 最终在海德格尔那里，由于"所有客观的、理性的知识之根基乃是一个深渊"，"最终支撑着一切真理、一切意义的别无他物，只有人的自由"，因而"最终只有无意义性、虚无"③。海德格尔否定了伦理学的可能性，不相信可能存在伦理学，正是西方文明患精神重疾的外在症状。施特劳斯反思德国虚无主义的时候提到，在虚无主义年代，武德特别是承受身体痛苦能力的英勇成为仅存的德性，20世纪的西方人生活在"一个没落的时代，一个与文化相分离并与之

---

① 施特劳斯. 德国虚无主义[C]//施特劳斯. 苏格拉底问题与现代性：施特劳斯讲演与论文集：卷二. 刘小枫，编. 刘振，彭磊，等译. 北京：华夏出版社，2016：103.
② 施特劳斯. 德国虚无主义[C]//施特劳斯. 苏格拉底问题与现代性：施特劳斯讲演与论文集：卷二. 刘小枫，编. 刘振，彭磊，等译. 北京：华夏出版社，2016：104.
③ 施特劳斯. 海德格尔式存在主义导言[C]//施特劳斯. 古典政治理性主义的重生. 潘戈，编. 郭振华，等译. 北京：华夏出版社，2011：82.

对立的时代,一个与有机共同体相分离并与之对立的机械社会时代"①。

施特劳斯多次讲到现代性危机。在施特劳斯看来,现代性的危机正是在于"现代西方人再也不知道想要什么——再也不相信自己能够知道什么是好的,什么是坏的,什么是对的,什么是错的"②。科学技术的确进步了,但道德方面没什么进步,在有些方面,现代人甚至不如古代人智慧。虽然"新科学及其所衍生的技术取得了种种巨大成就,人的力量得到了巨大增长,与前人相比,现代人是个巨人",但"智慧和善好没有取得相应的增进","人不能以一种负责任的方式区分善恶","现代人是个瞎了眼的巨人"③。可见,施特劳斯批判现代性,跟现代性发端之际一些人出于守旧而批判现代性有所不同,施特劳斯不是因为守旧或对古代有一种怀旧式的崇拜而反现代性。施特劳斯对现代性的批判,以对西方现代文明之根本缺陷的批判为基础。正是看到了西方现代文明的根本缺陷,施特劳斯在进步主义和极端历史主义也即虚无主义给西方文明带来危机的20世纪,重新恢复了偃旗息鼓的"古今之争",提醒现代人不要轻视甚至忘却古人的智慧。这样一来我们便可以理解,为何施特劳斯认为他与伽达默尔之间的诠释学观点分歧"只是他们站在古今之争不同的一边的后果"④。同样,我们也可以理解,为何施特劳斯认为"人们必须倾向于诚挚地向往过去""必须准备好承认,过去的思想在决定性的方面可能高于当代的思想""必须怀疑'当代精神'的典型原则,放弃从当前的观点去理解过去的企图"⑤。

---

① 施特劳斯.德国虚无主义[C]//施特劳斯.苏格拉底问题与现代性:施特劳斯讲演与论文集:卷二.刘小枫,编.刘振,彭磊,等译.北京:华夏出版社,2016:112.
② 施特劳斯.现代性的三次浪潮[C]//施特劳斯.苏格拉底问题与现代性:施特劳斯讲演与论文集:卷二.刘小枫,编.刘振,彭磊,等译.北京:华夏出版社,2016:315.
③ 施特劳斯.进步还是回归[C]//施特劳斯.古典政治理性主义的重生.潘戈,编.郭振华,等译.北京:华夏出版社,2011:311-312.
④ 施特劳斯等.回归古典政治哲学:施特劳斯通信集[M].迈尔,编.朱雁冰,何鸿藻,译.北京:华夏出版社,2006:419.伽达默尔认为真正的历史意识是"效果历史意识"(wirkungsgeshichtliche Bewusstsein),字面含义为"历史永远在其中起作用的意识"。参见帕尔默.诠释学[M].潘德荣,译.北京:商务印书馆,2014:249.
⑤ 施特劳斯.评柯林伍德的历史哲学[C]//施特劳斯.苏格拉底问题与现代性:施特劳斯讲演与论文集:卷二.刘小枫,编.刘振,彭磊,等译.北京:华夏出版社,2016:260.

第四章

施特劳斯的诠释学原则(二):
注意作者的写作艺术

第一节　充分注重字面解读

从应该像作者理解自己一样理解作者出发，随着重新发现双重教诲传统，施特劳斯提出，如果过去的作者采取了双重写作，传达了双重教诲，那应该注意作者的隐微和显白教诲之分，也就是注意作者的写作艺术，这对于理解过去的思想非常重要。但是前面提到，18世纪以来，双重写作传统逐渐被遗忘，因而问题就来了：现代读者如何能够成功地捕捉以往思想家的这种区分，成功地区分思想家的隐微和显白教诲？

施特劳斯并没有专门著述，告诉现代读者应该如何阅读于字里行间，但施特劳斯的确在不同的地方提到了如何注意作者的写作艺术。施特劳斯说，为了真正地理解作者，首先得对文本有个充分的字面理解，看清楚作者的明确陈述，看清楚作者写明了什么。直白地说就是，要先读懂每一行，才有可能读懂字里行间。施特劳斯表示，理解别人所说的话（包括口头的和书面的）有两个不同的意思，一个是解释（interpretation），一个是说明（explanation）。解释是弄清说话的人究竟说了什么，他自己又是如何理解他自己所说的。说明是弄清说话的人说的话有什么含意或暗指，不过这些含意或暗指往往是他自己没有意识到的。① 这也就是说，在理解文本的过程中，解释往往先于说明。只有先弄清楚作者说了什么之

---

① STRAUSS L. How to Study Spinoza's *Theologico-Political Treatise* [M]//STRAUSS L. Persecution and the Art of Writing. Chicago：The University of Chicago Press，1988：143.

后,才有可能确定他到底另有什么深意。如果都没有弄清楚作者说了什么就进行说明,那揭示出来的深意就可能不是作者的深意,而只是读者自己心中所理解的深意。同样,对文本的解释,对明说的话的解释也是先于对没有明说的话的解释。比如,如果看到一个谎言,只有在看清作者到底说了什么,即作者笔下这个谎言的具体内容的情况下,才有可能看出这是否是个谎言。如果都不看作者的具体陈述,那就无法判断作者是不是在说谎。施特劳斯这样说道:"对另一个人的话语或思想的理解如果具有确然无疑的真实性,就必然基于对这个人的明确陈述的精确解释。"①

一说到施特劳斯"注意隐微和显白教诲之分"的主张,很多人都会觉得是指穿越文字的迷雾,寻找作者埋藏在字里行间的隐微教诲。但是,施特劳斯从来没有主张一看到文本就应该进行字里行间的阅读。施特劳斯从来没有说过,对文本的隐微解读意味着只致力于寻找隐微教诲,不管其他内容。施特劳斯明确指出,不能一看到文本就进行字里行间的阅读,如果采取字里行间的阅读法反而适得其反,那还不如不采取字里行间的阅读法。"如果采取字里行间阅读法要比不采取字里行间阅读法更不精确,那就必须严格禁用这种方法。字里行间阅读法的出发点是,必须精确考虑作者的明确陈述,只有在这种情况下,采取这种方法才是正当的。……我们需要首先按一个段落本来的样子来理解它。"②简言之,首先应该进行字面阅读。只有经过充分的字面阅读,当字面阅读行不通的时候,才需要考虑字里行间的阅读。我们可以看到,在谈到该如何研读斯宾诺莎的《神学政治论》的时候,施特劳斯解释并强调了这条原则:"斯宾诺莎用显隐两种推理来支撑这些方案,它们与显明的推理一道,构成了《神学政治论》针对所有读者的学说。我们必须完全按其本身来理解《神学政治论》

---

① STRAUSS L. How to Study Spinoza's *Theologico-Political Treatise* [M]//STRAUSS L. Persecution and the Art of Writing. Chicago: The University of Chicago Press, 1988: 143.
② STRAUSS L. Persecution and the Art of Writing[M]//STRAUSS L. Persecution and the Art of Writing. Chicago: The University of Chicago Press, 1988: 30.

的这部分教义,然后才能把《神学政治论》的隐蔽教义揭示出来。"①

第二节 注意作者的写作艺术

不过,仔细推敲作者的每句话每个词并不一定能够保证获得对文本的精确理解。如果作者在写作过程中并不是非常严谨,那仔细考量作者的明确陈述反而变成了一种过度解读;如果作者写了很多无关紧要的话迷惑读者,那读者认真对待这些话反而会被作者所骗,无法看清作者的真实想法。另外,如果作者在明确陈述之外还设置了一些若隐若现的暗示,那仅仅考虑作者的明确陈述就未必能够获得对文本的恰当理解。在施特劳斯看来,在充分理解作者明确陈述的基础上,若还无法理解作者,或者文本存在反常的地方,比如,矛盾、不断重复、离题等,以至于通过作者的明确陈述还无法理解作者,那就要注意作者的写作艺术,考虑作者采取字里行间写作的可能。施特劳斯指出,双重教诲一般通过"不合常规的写作和自相矛盾的说法"得以实现,过去的哲人往往通过这两种文学技巧来巧妙地解决哲学真理只能向少数人敞开的问题。② 在 20 世纪 30 年代末所写的关于《迷途指津》文学特性的文章中,施特劳斯详细地论述了这两种手法的具体表现和应对这两种手法的方法。下面就以施特劳斯在这篇文章中对《迷途指津》的解读为例,来说明在施特劳斯看来,不合常规的写作和自相矛盾的手法具体包含哪些情况,解读者又该如何对待这些情况。

在解读《迷途指津》的过程中,施特劳斯指出,"不合常规"的第一种情况是,作者故意使文本内容显得杂乱无章。施特劳斯说:"迈蒙尼德将一

---

① STRAUSS L. How to Study Spinoza's *Theologico-Political Treatise* [M]//STRAUSS L. Persecution and the Art of Writing. Chicago: The University of Chicago Press, 1988: 201.
② 施特劳斯. 斯巴达精神或色诺芬的品味[M]//施特劳斯. 苏格拉底问题与现代性: 施特劳斯讲演与论文集: 卷二. 刘小枫, 编. 刘振, 彭磊, 等译. 北京: 华夏出版社, 2016: 19-32.

部无意间被搞得杂乱无章的书当作自己的范型,写了一部有意显得杂乱无章的书。无论如何,《迷途指津》确实是一部有意显得杂乱无章的书,其所传授的隐秘教诲的章节标题,'并非按其内在顺序或其他任何顺序来加以安排,相反,它们是散乱的,与其他问题混在一起'。"① 我们可以看到,《迷途指津》第一篇第 10 章分析"下降"和"上升",第 11 章分析"坐",第 12 章分析"起立",第 13 章分析"站",第 14 章却突然分析一个不同类的词"亚当",但第 15 章又开始分析同一类的词"直立"。② 在施特劳斯看来,此处主题的变化最为典型地体现了迈蒙尼德的杂乱无章手法。那么,该如何应对这种突然改变主题的情况呢? 施特劳斯表示,遇到主题的突然改变,有必要通过猜测搞清楚其中的隐秘理由,努力将分散的"章节标题"连接起来,即便它并没有提供"章节标题"本身。③ 施特劳斯没有过多地说明具体做法,只是透露将分散的"章节标题"连接起来、将缺失的"章节标题"补上,从这些"章节标题"中可以猜测作者的空白之意。

说完这种情况后,施特劳斯进一步指出,为了"不合常规",除了在章节标题上下功夫之外,也还可以在具体内容的安排上下功夫,也就是故意使文本内容突然偏离一定的规则。我们可以看到,《迷途指津》第三篇第 36 章开头是"在《托拉基本律法》中,我们列举了第一类戒律",第 37 章开头是"第二类戒律就是在《禁止偶像崇拜的律法》中所列举的那些",后面三章的开头也都是"第几类戒律是什么法中所列举的那些"这样的模式,但第 41 章开头却只是"第六类戒律规定了对罪犯进行惩罚的各种方式",没有提戒律出自何种律法,而从第 42 章开始直至第 49 章,又是以"第几

---

① STRAUSS L. The Literary Character of *The Guide for the Perplexed*[M]//STRAUSS L. Persecution and the Art of Writing. Chicago: The University of Chicago Press, 1988:61.
② 迈蒙尼德.迷途指津[M].傅有德,郭鹏,张志平,译.济南:山东大学出版社,1998:37 - 43.施特劳斯认为,这里第 14 章突然不再讨论表示位置的词,在于 14 这个数字代表人或人类事物,详见施特劳斯.《迷途指津》导读[M]//施特劳斯.古今自由主义.马志娟,译.南京:江苏人民出版社,2012:184 - 185.
③ STRAUSS L. The Literary Character of *The Guide for the Perplexed*[M]//STRAUSS L. Persecution and the Art of Writing. Chicago: The University of Chicago Press, 1988:62.

第四章 施特劳斯的诠释学原则（二）：注意作者的写作艺术

类戒律，即什么法中所列举的那些"开始。① 施特劳斯这里暂且没有具体阐释迈蒙尼德这样做的含义，只是说对于迈蒙尼德而言，涉及《圣经》诫命的经文与对这些诫命的传统解释之间存在差异。施特劳斯更多地是表明，要留意这种情况，从文本的其他地方寻找作者这样做的缘由及深意。

讲完这两种情况后，施特劳斯继续指出，"不合常规"的第三种情况是作者重复同一主题，但重复时有所增补或省略。比如，《迷途指津》第三篇第17章探讨了关于神佑的五种理论。第一种是原子论者和无神论者的观点"根本没有上帝的保佑，一切都是出自偶然"，第二种是亚里士多德的观点"有些事物受上帝保佑和统治，有些则没有"，第三种是伊斯兰教艾什尔里派（Ash'ariyya）的观点"一切都受制于上帝的意志、愿望和法则"，第四种是穆尔太齐赖派（Mu'tazila）的观点"一切都是因为上帝的智慧"，第五种是律法书中的观点"人按照自己的意志去自由行动都是神意的安排"。值得注意的是，这个地方没有谈到或暗示以利户（Elihu）的见解。但在该篇第23章再次谈到神佑问题时，除了重复上述五种观点外，还着重介绍了以利户的观点。② 施特劳斯强调，作者在重复时有所增补或删减，这个增补或删减的内容就要加以重视，因为增补或省略的内容可能表达或透露了作者的真实教诲。③ 施特劳斯表示，通过有增删的重复来表达隐微教诲，既可以是作者对自己已陈述内容的有增删重复，也可以是作者对他人观点的有增删重复。"复述传统观点的目的是要在复述中把非传统观点掩藏起来。这样看来，重要的不是不断重复的传统观点本身，而是对传统观点的细微增补，或对传统所作的省略性处理。这类增补或省略出现在重复话语中，传授了真正的隐秘教诲的'章节

---

① 迈蒙尼德. 迷途指津[M]. 傅有德，郭鹏，张志平，译. 济南：山东大学出版社，1998：491-553.
② 迈蒙尼德. 迷途指津[M]. 傅有德，郭鹏，张志平，译. 济南：山东大学出版社，1998：422-431,445.
③ STRAUSS L. The Literary Character of *The Guide for the Perplexed*[M]//STRAUSS L. Persecution and the Art of Writing. Chicago：The University of Chicago Press，1988：64.

标题'。"①

关于"不合常规"的情况,施特劳斯主要列举了上面三种。可以发现,针对"不合常规"这种情况,施特劳斯并没有提出具体的解释规则或应对策略,更多地是提出了一条基本的原则,即如果看到文本中的离题、重复等情况,不能想当然地认为是作者犯了错或犯了糊涂,而是要严肃对待文本中的这些不合常规之处,在这些异常的地方多思考,看作者是否是有意为之,作者在有意不遵守写作规范的背后是否隐藏着其他的意图和教诲。②

除了不合常规的写作这种手法之外,还有运用矛盾这种手法。当然,矛盾可能并不是那么显而易见。先看看迈蒙尼德在《迷途指津》中如何制造矛盾。在绪论中,迈蒙尼德明确指出,他这本书中的前后不一致或矛盾无外乎七个原因:一是不同的人的说法都被采用,因而不一致或矛盾;二是某种说法一开始被采用,但后来又被否定,因而前后矛盾;三是同个意思在不同的地方用不同的比喻,这两个比喻看上去矛盾(打了两个比方,说法有所不同,但背后说的是同一个意思);四是因某种原因不明确表述某种说法,使其看上去与其他地方的同种说法有所矛盾;五是在答疑解惑的过程中,老师暂且先不把某种说法讲明白(等机会合适再讲明白),造成暂时的矛盾;六是用正确的前提掩盖矛盾,前提越多,矛盾掩盖得越深;七是运用模糊语词,制造歧义。③ 有意思的是,施特劳斯把迈蒙尼德所说的七种方法总结为六种。在对《迷途指津》的解读中,施特劳斯指出,至少可以用六种方式制造矛盾(矛盾可能是明显的,也可能是不明显的)。第一种方式是在不同的地方阐述同一个问题,但第二处的阐述与第一处的阐述自相矛盾。比如,在第 15 页说 $a=b$,但在第 379 页又说 $a\neq b$。一般这种情况粗心的读者看不出来,只有认真读的人才看得出来。可以发现,这

---

① STRAUSS L. The Literary Character of *The Guide for the Perplexed*[M]//STRAUSS L. Persecution and the Art of Writing. Chicago: The University of Chicago Press, 1988: 64.
② STRAUSS L. Persecution and the Art of Writing[M]//STRAUSS L. Persecution and the Art of Writing. Chicago: The University of Chicago Press, 1988: 30.
③ 迈蒙尼德. 迷途指津[M]. 傅有德,郭鹏,张志平,译. 济南:山东大学出版社,1998:19.

第四章 施特劳斯的诠释学原则(二):注意作者的写作艺术

与迈蒙尼德所说的第一种方式相同。第二种方式是在阐述某个问题时,不经意间插入相矛盾的观点。可以发现,这与迈蒙尼德所说的第二种方式也是一样的。第三种方式是不直接让第二处阐述与第一处阐述相矛盾,而是让第二处阐述与第一处阐述的含义相矛盾。比如,在第 15 页说 $a=b$,而 $b=c$,但在第 379 页说 $a\neq c$。可以发现,这与迈蒙尼德所说的第三种方法看上去不同,但实质上相同。第四种方式是不直接否定某个陈述,而是在重复这个陈述时,给它加上或省去一点看似不重要、但最终会改变意思的内容,最终否定它。这里与迈蒙尼德所说的第四种方法大致相同,但有一点小小的区别。施特劳斯强调的是有变化的重复。第五种方式是不直接否定某个陈述,但重复这个陈述时,通过增补或省略某些内容而使其与第一个陈述相矛盾,重复这个陈述,得到的第三个陈述就与第一个陈述相矛盾,第二个陈述就作为一种过渡性陈述。第六种方式是使用含糊语词,制造歧义。① 可以发现,这与迈蒙尼德所说的第七种方式相同。因此,总的说来,施特劳斯没有强调迈蒙尼德所说的第五种和第六种方法。

由于矛盾基本是通过这六种方式制造出来的,因而发现或找到文本中的矛盾应该不是难事。但如何解开矛盾背后的深意?也就是,如何判断相矛盾的论述哪个才是作者的真实观点?这是关键,也是难的地方所在。施特劳斯在解读《迷途指津》时提到,遇到文本矛盾时应尽力试图搞清楚,对于迈蒙尼德而言,哪个是真的,哪个又只是为了掩盖真实观点。在施特劳斯看来,由于迈蒙尼德把真实教诲藏了起来,试图做到让真理一闪而过,因而对于迈蒙尼德而言,真实教诲必定是那些个最为隐蔽的教诲。所以,在迈蒙尼德相矛盾的陈述中,那个出现的最不频繁、甚至只出现一次的陈述就可以被视为迈蒙尼德的真实观点。② 不难发现,在解读

---

① 这两种方法,详见 STRAUSS L. The Literary Character of *The Guide for the Perplexed* [M]//STRAUSS L. Persecution and the Art of Writing. Chicago: The University of Chicago Press, 1988: 70. 关于最后运用含糊语词的例子,参见施特劳斯.《迷途指津》导读[M]//施特劳斯. 古今自由主义. 马志娟,译. 南京: 江苏人民出版社,2012: 197.
② STRAUSS L. The Literary Character of *The Guide for the Perplexed*[M]//STRAUSS L. Persecution and the Art of Writing. Chicago: The University of Chicago Press, 1988: 73.

斯宾诺莎的作品的过程中，施特劳斯按照同样的原则解读斯宾诺莎的矛盾陈述。斯宾诺莎在《神学政治论》中有很多矛盾陈述。比如，关于神迹，斯宾诺莎的说法前后不一。对此，施特劳斯表示："如果一位作者对一个问题作出了自相矛盾的陈述，他的观点完全可以由那些最不常出现、甚至只出现一次的陈述表达出来，被那些最常出现、甚至次次出现只有一次不出现的矛盾陈述掩盖起来。一个命题的真理性或严肃性并不随着该命题的重复频率而增加。"①

但要突破重重矛盾、找到这个不经意间出现的真实陈述并非易事。在解读《迷途指津》的过程中，施特劳斯提出要借助于各种暗示，通过领悟迈蒙尼德的暗示而找到矛盾，找到矛盾陈述中哪个是迈蒙尼德的真实陈述。在施特劳斯看来，迈蒙尼德运用了四种暗示手法。一是运用隐秘术语，这些隐秘术语有些是模糊的，有些是清晰的。二是运用各种各样的呼语以及格言警句。三是使用沉默手法，有时省略一些词。比如，引用时省略也就是删掉几个词。四是在章节标题或章节开头上下功夫，通过章节标题或章节开头进行暗示。② 值得注意的是，施特劳斯后来（20世纪60年代初）为《迷途指津》撰写导读时认为，迈蒙尼德运用了三种方式传达隐微教诲：一是精挑细选每个要致力于解释的词；二是有意地自我矛盾；三是不按照顺序讲解"章节标题"，而是将它们分散于整本书。③ 在很大程度上，施特劳斯是把一开始划到制造矛盾手法下面的暗示手法中的第一种，即运用隐秘术语，上升到了方法的高度。不过，施特劳斯并未直接将其称为运用比喻和密语，而只是说迈蒙尼德对词的精挑细选。这和一开始对迈蒙尼德是否使用了比喻和密语的陈述是一致的。在一开始的解读文章《〈迷途指津〉文学特征》中，在讲迈蒙尼德如何利用矛

---

① STRAUSS L. How to Study Spinoza's *Theologico-Political Treatise* [M]//STRAUSS L. Persecution and the Art of Writing. Chicago: The University of Chicago Press, 1988: 184-185.
② STRAUSS L. The Literary Character of *The Guide for the Perplexed* [M]//STRAUSS L. Persecution and the Art of Writing. Chicago: The University of Chicago Press, 1988: 74-75.
③ 施特劳斯.《迷途指津》导读[M]//施特劳斯.古今自由主义.马志娟,译.南京：江苏人民出版社,2012：166-167.

盾表达隐微教诲之前，施特劳斯实际上谈到了双重写作的第三种方式——运用比喻和密语。施特劳斯指出，《圣经》就运用了这种手法。"《圣经》是一本隐微之书，《圣经》作者以隐藏真理的方式来揭示真理，为了达到这一目的，他们选用了特定种类的词语，选用了比喻和密语。"① 施特劳斯表示，对于充满比喻和密语的《圣经》，迈蒙尼德曾经想进行比喻性的解释，用比喻来解释比喻。但迈蒙尼德最终放弃了这样一种思路，决定对《圣经》进行非比喻性的解释，不用比喻来解释比喻。施特劳斯指出，这就是为什么迈蒙尼德的《迷途指津》这本旨在解释《圣经》奥秘的书，并没有出现比喻或密语，而是充满了矛盾，迈蒙尼德最终是用制造矛盾的方式来解释《圣经》奥秘。"迈蒙尼德并非通过自创比喻或利用比喻性陈述之间的矛盾来教导真理，相反，他用了非比喻性、非密语式陈述之间的矛盾。"②

让我们回到对如何分辨矛盾陈述的讨论。关于如何判断矛盾陈述中哪个才是作者的真实陈述，施特劳斯在解读斯宾诺莎的时候还讲到过解读迈蒙尼德时未曾提到的一条原则。解读斯宾诺莎的过程中，施特劳斯困惑，是否存在某种一般的规则可以让我们判断，在斯宾诺莎相矛盾的陈述中，哪种陈述表达了斯宾诺莎的真实观点。施特劳斯通过说明斯宾诺莎本人如何解决《圣经》中的矛盾回答了这个问题。耶稣和保罗都有自相矛盾的说法，一种是说给普通人听的，另一种是说给智慧的人听的。斯宾诺莎认为，那些说给普通大众听的话都只不过是说给普通人听的假言辞而已。斯宾诺莎的诠释原则给了施特劳斯莫大的启迪。施特劳斯据此提出："如果作者承认……在某个问题上有所矛盾，那么，那个与大众观点相

---

① STRAUSS L. The Literary Character of *The Guide for the Perplexed* [M]//STRAUSS L. Persecution and the Art of Writing. Chicago: The University of Chicago Press, 1988: 66.
② STRAUSS L. The Literary Character of *The Guide for the Perplexed* [M]//STRAUSS L. Persecution and the Art of Writing. Chicago: The University of Chicago Press, 1988: 68.

矛盾的陈述可以被认为其真实观点所在。"①在施特劳斯看来,斯宾诺莎的写作规则预设了这条诠释规则。写作之时,斯宾诺莎相信,他最好调整自己的观点,以与被大众接受的观点相一致。"按照大众的理解能力说话"(speak with a view to the capacity of the vulgar),适应特殊群体或个体的特殊偏见,对哲人而言是合理的,哲人生活在大众的怀疑之中,面临着来自大众的危险,不得不处处留意受众问题。② 施特劳斯看到,正是基于这样的原则,斯宾诺莎把有违教会正统的观点隐藏在被普遍接受的观点背后,让那些忤逆的观点看上去与《圣经》所说的并无二致。③ 由于斯宾诺莎是这样写作的,因而施特劳斯认为,斯宾诺莎的观点很有可能隐藏在那些偶尔出现或只出现过一次的陈述之中,甚至很有可能根本就没有说出来。施特劳斯据此提出,那些与斯宾诺莎所谓的大众观点"差的最远的陈述和暗指",有必要被认为表达了他的真实观点,甚至那些具有异端性质的暗指,跟斯宾诺莎从未公开反驳的陈述相比,都应该被优先考虑。④ 因此,施特劳斯说道:"阅读《神学政治论》的第二个正确规则是,在出现矛盾的情况下,与斯宾诺莎心目中的大众观点距离最远的那个必须被视为表达了他的严肃观点。"⑤但施特劳斯对这条原则较为沉默,没有花较多的笔墨阐释这条原则。

值得一提的是,后来为《迷途指津》撰写导读时,施特劳斯提出过更多关于如何解读迈蒙尼德的《迷途指津》的建议。其中一条是,注意某些数字的特殊含义以及对具有特殊含义数字的安排和运用。施特劳斯称之为

---

① STRAUSS L. How to Study Spinoza's *Theologico-Political Treatise*[M]//STRAUSS L. Persecution and the Art of Writing. Chicago: The University of Chicago Press, 1988: 177.
② STRAUSS L. How to Study Spinoza's *Theologico-Political Treatise*[M]//STRAUSS L. Persecution and the Art of Writing. Chicago: The University of Chicago Press, 1988: 177-178.
③ STRAUSS L. How to Study Spinoza's *Theologico-Political Treatise*[M]//STRAUSS L. Persecution and the Art of Writing. Chicago: The University of Chicago Press, 1988: 179-181.
④⑤ STRAUSS L. How to Study Spinoza's *Theologico-Political Treatise*[M]//STRAUSS L. Persecution and the Art of Writing. Chicago: The University of Chicago Press, 1988: 186.

实现数理作用(fulfill a numerological function)。比如,14 代表人类或人类事务,17 代表自然,26 代表《摩西五经》。《迷途指津》第 2 篇共 21 章,其中有 14 章纯粹以希伯来语开头。在这 14 章里,又有 7 章以动词开头,7 章以名词或动名词开头。① 可以发现,在解读作品的过程中,施特劳斯极其留意作者对特殊数字的安排和运用。

这里再举两例。在对马基雅维利的《君主论》和《李维史论》的解读中,施特劳斯讲到某段文本之际都会指出其出自第几章第几节。另外,施特劳斯也讲到,李维的《罗马史》共 142 篇,而马基雅维利的《李维史论》恰好共 142 章。②《李维史论》的 142 个章标题中,标题最简短的,只有 2 个词,其所在章的篇幅是最长的;标题最长的,则长达 35 个词,出自第 1 篇第 55 章和第 3 篇第 30 章;另外,39 个章标题含有专名,其中 37 个所提及的人物或国度来自古代,1 个来自现代,1 个既来自古代又来自现代;此外,33 个章标题使用动词过去时态,涉及过去发生的事情。③ 施特劳斯还统计了马基雅维利在不同的地方提及李维的不同频率。施特劳斯指出,第 2 篇中提及李维的频率远远大于第 1 篇中的频率,第 1 篇的 60 章中有 18 章提及李维,但第 2 篇的 33 章中有 22 章提及李维。④ 在对色诺芬的《长征记》的解读中,由于较关心色诺芬虔敬与否问题,因而施特劳斯统计了色诺芬在演讲中有几次提到神。施特劳斯指出,色诺芬第一次演讲接连 5 次提到神,第二次演讲则只有 1 次提到神,第三次演讲则 11 次提到神。正是如此,施特劳斯认为,色诺芬是虔敬的,色诺芬特有的德性就是虔敬,当然,色诺芬的虔敬不同于尼西阿斯(Nicias)的虔敬。⑤ 施特劳斯后面又指出,色诺芬在这 3 次演讲中共 17 次提到神,希腊人后面行军至阿美尼亚(Armenia)的一个村庄时,有幸接触到的骏马正好是 17 匹,而

---

① STRAUSS L. Introductory Essay of *The Guide of the Perplexed* [M]//MAIMONIDES M. The Guide of the Perplexed. Vol. 1. PINES S, trans. Chicago: The University of Chicago Press, 1963: xxx-xxxii.
② 施特劳斯.关于马基雅维里的思考[M]. 申彤,译. 南京:译林出版社,2003:57.
③ 施特劳斯.关于马基雅维里的思考[M]. 申彤,译. 南京:译林出版社,2003:121.
④ 施特劳斯.关于马基雅维里的思考[M]. 申彤,译. 南京:译林出版社,2003:139.
⑤ STRAUSS L. Xenophon's *Anabasis* [M]//STRAUSS L. Studies in Platonic Political Philosophy. Chicago: The University of Chicago Press, 1983: 113-114, 118.

村长的女儿9天前正好成亲,9正好是1到17的中间数。① 在施特劳斯看来,"在色诺芬的著作中,数字神秘主义起着令人惊异的巨大作用——尤其七,似乎是影射隐微涵义的象征,这与迈蒙尼德恰恰一样!"②

在很大程度上,施特劳斯这种注意数理作用的解读方式颇有古代文士(soferim)释经之遗风。以斯拉(Ezra)从巴比伦赶回耶路撒冷,重新确立了《托拉》的地位。③ 以斯拉组织了一批专门的文人诵读、讲授《托拉》,使众人明白律法(《尼希米记》8:7),把《托拉》作为生活的宝典和行为准则。这些文人被称为文士。以斯拉本人就是一位敏捷的文士,通达摩西的律法(《以斯拉记》7:6)。文士(soferim)一词源于希伯来语sefer,意为书(book),但也含计数(count)之意,因为讲授经书的文士最重要的任务就是统计《圣经》中每一章的字数、每个词以及字母的出现频率,编纂《圣经》中只出现过一两次的词,以此推进对文本的解释,通过类比或借助文本语境本身(这是用《托拉》来诠释《托拉》最基本的诠释原则)。④ 施特劳斯这种注意数理作用的解读方法也带有犹太教神秘主义思想中数字神秘主义的色彩。卡巴拉根本经典之一《创造之书》(*Sepher Yetzirah*/Book of Formation)中提到,10个数字和22个字母构成了32条智慧之道,32是2的5次方,5取自《摩西五经》中的5。⑤ 这样的例子很多,不一一展开。

前面提到,英国学者布劳效仿施特劳斯在《关于马基雅维利的思考》中对数字的关注,写了一篇文章《关于霍布斯的思考》来讽刺施特劳斯这种关注数字隐含之意的解读方法之荒谬。布劳揶揄道:"霍布斯为何没有关于音乐的著作?我们应该如何理解霍布斯对音乐的沉默?书名可能透露了作者的意图。在霍布斯的书中,只有两本书的书名只有一个单词,那就是

---

① STRAUSS L. Xenophon's *Anabasis*[M]//STRAUSS L. Studies in Platonic Political Philosophy. Chicago: The University of Chicago Press, 1983: 119.
② 施特劳斯等. 回归古典政治哲学:施特劳斯通信集[M]. 迈尔,编. 朱雁冰,何鸿藻,译. 北京:华夏出版社,2006:312.
③ 亚伯拉罕·科恩. 大众塔木德[M]. 盖逊,译. 北京:商务印书馆,2022:35.
④ STRACK H L, STEMBERGER G. Introduction to the Talmud and Midrash[M]. 2nd ed. BOCKMUEHL M, trans. & ed. Minneapolis: Fortress Press, 1996: 15-16.
⑤ The Sepher Yetzirah: The Book of Formation[M]. WESTCOTT W W, trans. Edmonds: Holmes Publishing Group, 1996: 17, 28.

《利维坦》(Leviathan)和《比希摩斯》(Behemoth)。《利维坦》共5章,《比希摩斯》共4章。取前一个单词中的5个字母,后一个单词中的4个字母,组合起来就是贝多芬(Beethoven)。所以,霍布斯实际上提到了贝多芬。但是,我们还要找其他的暗示。"①布劳的揶揄略显荒诞,但它也使得施特劳斯的数字解读法显得颇为荒诞,它提出了一个重要问题,即施特劳斯的数字解读法是否合理,是否站得住脚。根据施特劳斯的像作者理解自己一样理解作者原则,如果作者运用了数理作用,那读者注意数理作用的运用无可厚非。不过,如果作者没有言明或暗示其运用了数理作用,那解读时注意数理作用的运用就存在一定的问题。由于霍布斯并未暗示其探讨了音乐问题,因而布劳举了这样一个例子来批评,反而只是证明了这个批评本身站不住脚。

第三节　施特劳斯是否受《塔木德》影响：一个初步考察

上面主要结合施特劳斯对迈蒙尼德的解读探讨了施特劳斯的"注意作者写作艺术"主张。施特劳斯这一主张带有的浓厚犹太色彩让人想到这样一个问题：施特劳斯的这种诠释主张是否与他对《塔木德》的了解或研究相关？格林(Kenneth Hart Green)转述过这样一个故事。施特劳斯在犹太神学院(The Jewish Theological Seminary)讲座结束后,有个听众——一个著名的塔木德学者——被施特劳斯的学识所折服,不禁惊叹道："真是巨大的损失！真是难得的人才！要不是把时间浪费在哲学上,该是多出色的塔木德专家！"②

让我们从上面提到的文士群体说起。文士群体构成了大议会

---

① BLAU A. Anti-Strauss[J]. The Journal of Politics, 2012, 74(1): 152-153.
② STRAUSS L. Jewish Philosophy and the Crisis of Modernity: Essays and Lectures in Modern Jewish Thought[C]. GREEN K H, ed. Albany: State University of New York Press, 1997: 58.

(Keneseth Hagedolah/Great Synagogue)的主要成员。大议会大抵于公元前3世纪中叶或末叶不复存在，被大法庭(Sanhedrin)取而代之。不久后，大法庭成员在《托拉》阐释问题上分成了两派，一派坚持应严格恪守《托拉》的准则(这一派主要是以斯拉和文士的后裔们)，另一派则主张与古希腊思潮妥协。① 两派之间的分歧后来演变为法利赛派(Pharisees)和撒都该派(Sadducees)的分野。前者认为律法不仅包含成文的，还包括口头的，两者都要遵守，但后者拒绝接受没有明文写就的摩西律法。

关于口传律法的巨大分歧直接导致了对《托拉》的新一轮大规模阐释，《托拉》研究由此成为一门专门的学问，有资格阐释经文的教师被称为坦拿(Tannaim)。② 在这个过程中，涌现出一位杰出的经师希勒尔(Hillel，约公元前70年—公元10年)。希勒尔出生于巴比伦，中年赴耶路撒冷追随法利赛派专攻口传律法，后成为讲授口传律法的权威之一。后世将希勒尔与以斯拉相提并论："先前，当以色列遗忘《托拉》，以斯拉从巴比伦来，重建了《托拉》；当以色列再次忘记《托拉》，希勒尔从巴比伦来，重建了《托拉》。"③希勒尔主张不可死守固定不变的成文法，而应根据形势变化不断地阐释成文法。希勒尔总结了解经七原则，分别是从小往大推断、从类似短语推断、从一个节推断、从两个节推断、从一般到特殊推断和从特殊到一般推断、根据其他相似短语推断，以及从上下文推断。另外，希勒尔也主张根据常识和逻辑推断。④

---

① 关于大法庭，犹太传说所描述的与现代史学研究得出的结论有差别。这里采用现代史学研究的结论。详见亚伯拉罕·科恩.大众塔木德[M].盖逊，译.北京：商务印书馆，2022：41.
② 坦拿教的正是法利赛派的学说。参见 The Mishnah[M]. NANBY H, D D, trans. Oxford: Oxford University Press, 1933: xiii. 关于口传律法的"合法性"，即口传律法跟成文律法一样，见 The Mishnah[M]. NANBY H, D D, trans. Oxford: Oxford University Press, 1933: xvii.
③ BUXBAUM Y. The Life and Teachings of Hillel[M]. Maryland: Rowman & Littlefield Publishers, Inc., 2008: 309, note 15. 注意前面所提到的"当以色列遗忘《托拉》，以斯拉从巴比伦来，重建《托拉》"。
④ BUXBAUM Y. The Life and Teachings of Hillel[M]. Maryland: Rowman & Littlefield Publishers, Inc., 2008: 27; STRACK H L, STEMBERGER G. Introduction to the Talmud and Midrash[M]. 2nd ed. BOCKMUEHL M, trans. & ed. Minneapolis: Fortress Press, 1996: 18-20.

第四章 施特劳斯的诠释学原则(二):注意作者的写作艺术

约一个世纪之后,到了公元 2 世纪初,再次涌现出一位出类拔萃的经师,名为以实玛利(Rabbi Ishmael ben Elisha,公元 90 年—135 年)。正如希勒尔有个强劲的同行,以实玛利也有个强劲的同行,名为阿基巴(Rabbi Akiba ben Joseph)。阿基巴认为经文中的每个字都有其深意(这也是为什么后人把阿基巴跟神秘主义以及一种特殊的解经方式联系在一起),但以实玛利主张《托拉》"用人类语言说话"。① 以实玛利的主要贡献是对犹太律法进行研究,据说对《托拉》后四卷涉及法律的章节都进行了注解,但只有对《出埃及记》第 12 章之后相关章节的注解保存了下来,成为经典,即《以实玛利拉比的注解》(*Mekhilta de-Rabbi Ishmael*)(因而 *Mekhilta* 即指《出埃及记》米德拉什)。② 以实玛利的解经学贡献是将希勒尔的解经七原则扩展为十三原则。由于以实玛利的十三原则是在希勒尔的七原则基础上展开,因而跟希勒尔的七原则相差不大。③ 但不同的是,以实玛利提到了前后矛盾的情况该如何处理。根据以实玛利,如果经书中两个节相矛盾,那必须得用第三个节来判断。④ 这颇有点如果文本中有矛盾、到文本的其他地方寻找答案的意味。可以发现,施特劳斯关于如何解决矛盾说辞的方法与这一主张有相似之处。但值得注意的是,希勒尔七原则或以实玛利十三原则均未提到数理解读。前面提到了以实玛利的强劲对手阿基巴,他认为经文中的每个字都有其深意。的确,阿基巴将米德拉什推到了极致。阿基巴整理了到他那个时代为止的口传律法,为后来犹大(Rabbi Judah the Patriarch)编纂《密西那》(Mishnah)提供了蓝图。

---

① STRACK H L, STEMBERGER G. Introduction to the Talmud and Midrash[M]. 2nd ed. BOCKMUEHL M, trans. & ed. Minneapolis:Fortress Press, 1996:72.
② 另一种说法是,以实玛利本人只注解了开头,即《出埃及记》12:2,后面的内容并不是以实玛利本人所注。但为了纪念以实玛利的贡献,且为了表明是以实玛利派所注,而非阿基巴派所注,因而书名为《以实玛利拉比注解》(*Mekhilta de-Rabbi Ishmael*)。详见 LAUTERBACH J Z, ed. Mekhilta de-Rabbi Ishmael:A Critical Edition[M]. Vol.1. Philadelphia:The Jewish Publication Society, 2004:ix.
③ STRACK H L, STEMBERGER G. Introduction to the Talmud and Midrash[M]. 2nd ed. BOCKMUEHL M, trans. & ed. Minneapolis:Fortress Press, 1996:21; MOORE G F. Judaism:In the First Centuries of the Christian Era:The Age of Tannaim[M]. Vol. 1. Massachusetts:Hendrickson Publishers, 1940:248-249.
④ STRACK H L, STEMBERGER G. Introduction to the Talmud and Midrash[M]. 2nd ed. BOCKMUEHL M, trans. & ed. Minneapolis:Fortress Press, 1996:21.

犹大生于公元135年,约于公元165年继承会长之位,约于公元220年逝世。① 人生的最后十七年,犹大用于编纂《密西那》。犹大编纂《密西那》时据说有十三个版本可选择,但最后采用的是阿基巴整理并由其弟子迈尔(Rabbi Meir)传下来的版本,也即现在的6卷63篇523章版本。但关于这个《密西那》是明文写就还是口传,争论了千年。② 不管如何,到犹大编成《密西那》,坦拿时代便结束了,进入了阿姆拉时代。这是因为《密西那》中仍然存在晦暗不明的说法,后人有必要对《密西那》进行阐释。

这些阐释者被称作阿姆拉(Amoraim)。在继续阿姆拉们对《密西那》的阐释,也即《革马拉》(Gemara)之前,或许有必要大致看下《密西那》的写作特点。由于不同的经师对《托拉》的阐释不尽相同,因而《密西那》看上去缺少统一性。但这是否意味着《密西那》只是个大杂烩呢?根据但比(Herbert Danby)——第一个将整部《密西那》翻译成英文的人——的说法,不规则的写作并没有影响到《密西那》的统一,况且《密西那》的主要目的就是终止不同流派之间的分歧以及由此给人造成的困惑。③ 在但比看来,《密西那》处理争议的方式一般是这样的,如果对于某个规则的阐释存有争议,首先说明争议出现在谁和谁之间,说清楚谁持什么样的观点,然后引用过去或现在的权威共识说明哪个阐释更为恰切,只有在极少数情况下才对争议置之不理。言下之意,编纂的人虽然收集了不同的说法,但实际上表明了自身的看法。问《密西那》是否具有统一性,实际上也意味着问《塔木德》是否具有统一性。前面提到,《密西那》的有些内容并不容易理解,于是出现了对《密西那》的阐释,这种阐释的结果就是《革马拉》。把《密西那》跟《革马拉》放在一起,便是《塔木德》。《巴比伦塔木德》是巴比伦学园的阿姆拉们把《密西那》及他们对《密西那》的阐释放在一起,《巴

---

① The Mishnah[M]. NANBY H, D D, trans. Oxford: Oxford University Press, 1933: xxi. 也有说是于公元219年逝世。参见亚伯拉罕·科恩. 大众塔木德[M]. 盖逊, 译. 北京: 商务印书馆, 2022: 48.
② The Mishnah[M]. NANBY H, D D, trans. Oxford: Oxford University Press, 1933: xxiii.
③ The Mishnah[M]. NANBY H, D D, trans. Oxford: Oxford University Press, 1933: xxv.

第四章 施特劳斯的诠释学原则(二):注意作者的写作艺术

勒斯坦塔木德》是巴勒斯坦学园的阿姆拉们把《密西那》及他们对《密西那》的阐释放在一起。那么,《塔木德》只是把各种素材收集在一起因而是杂乱无章的,还是杂乱之下有着内在的统一?科恩(Abraham Cohen)在写《大众塔木德》(*Everyman's Talmud*)时很大程度上参阅了但比的《密西那》英译本,但在这个问题上却跟但比所见不同。科恩认为他并不能够捕捉到《塔木德》的一致性。斯坦沙尔茨(Adin Steinsaltz)也认为《塔木德》不成系统,且正是这个原因使得《塔木德》不容易阐释。① 但纽斯奈尔(Jacob Neusner)坚持认为,这种观点歪曲了《塔木德》,这种观点的提出是尚未真正理解《塔木德》的表现。在纽斯奈尔看来,《塔木德》只有一种声音,它从头至尾都是一致的。②

施特劳斯早在研读斯宾诺莎作品的过程中,就触及了类似的问题。施特劳斯发现,斯宾诺莎并不认为《圣经》是一个整体,且这一整体之基础是某个原初的启示。相反,斯宾诺莎认为《圣经》是混乱的,且遭到了法利赛人的篡改,因为法利赛人试图使《圣经》文本与他们独特的观点一致。③ 如果说斯宾诺莎是如此理解《圣经》的,那施特劳斯是批判还是接受了斯宾诺莎的语文学和历史学解读?施特劳斯似乎是接受了。施特劳斯最后说道:"他(指斯宾诺莎)一定考虑到,他在《神学政治论》中所揭示的事实为他的怀疑提供了决定性的根据,即拉比们曾有意'隐匿'亦即查禁《传道书》和《箴言》,换言之,他们曾有意隐匿旧约中唯一真正是哲学的那一部分。"④ 在施特劳斯看来,斯宾诺莎不仅如此理解《圣经》,也如此理解《塔木德》。施特劳斯后来在一次讲座中提到:"斯宾诺莎阅读《圣经》就像阅读《塔木德》,其考证结果可概述如下,《圣经》很大程度上是些自相矛盾的断言、古代的偏见或迷信残余和某种异想天开式想象力的迸发。"⑤

虽然施特劳斯关注的主要是斯宾诺莎的宗教批判,但从斯宾诺莎的

---

① STEINSALTZ A. The Talmud: The Steinsaltz Edition: A Reference Guide[M]. New York: Random House, 1989: vii.
② NEUSNER J. The Reader's Guide to the Talmud[M]. Leiden/Boston/Köln: Brill, 2001: 3-4.
③④ 施特劳斯. 斯宾诺莎的宗教批判[M]. 李永晶,译. 北京:华夏出版社,2013:355.
⑤ STRAUSS L. Jerusalem and Athens[M]//STRAUSS L. Studies in Platonic Political Philosophy. Chicago: The University of Chicago Press, 1983: 150.

宗教批判中,不能说施特劳斯没有得到其他的启发。施特劳斯在阅读迈蒙尼德过程中的某个发现,不禁让人猜测这种启发会是什么。施特劳斯说,对于迈蒙尼德而言:"关键问题并非创世或世界永恒说(因为他确信世界永恒说),而在于理想的立法者是否必然是先知。"① 迈蒙尼德是《密西那》较早的阐释者之一。拉什(Rabbi Shelomo Yitzhaki,简称 Rashi,1040—1105)在注疏《巴比伦塔木德》的过程中对《密西那》的注疏更多地是从每个词或短语入手,但迈蒙尼德从《密西那》的整体思想入手,并总结了十三信条。② 然而,迈蒙尼德后来还写了《迷途指津》,一本跟《评密西那》有着根本区别的书。前面已经讲到,后者是一本隐微地传递隐微教诲的书。到这里,我们或许就会恍然大悟,为何施特劳斯会对自己作为一个犹太人但坚定地站到了哲学的立场上而感到羞愧。③ 回到一开始的那个问题,可以说,施特劳斯的诠释学不是直接受惠于《塔木德》,而是受惠于迈蒙尼德以《塔木德》的方式对《塔木德》的隐微诠释。

总的说来,在施特劳斯看来,注意作者的写作艺术主要指,基于对文本充分的字面阅读,注意文本的不合常规和矛盾之处,如果文本有不合常规和矛盾之处。

---

① 施特劳斯等.回归古典政治哲学:施特劳斯通信集[M].迈尔,编.朱雁冰,何鸿藻,译.北京:华夏出版社,2006:265.
② The Mishnah[M]. NANBY H, D D, trans. Oxford: Oxford University Press, 1933:xxix.
③ 施特劳斯等.回归古典政治哲学:施特劳斯通信集[M].迈尔,编.朱雁冰,何鸿藻,译.北京:华夏出版社,2006:472-473.

第五章

施特劳斯的政治哲学诠释学

第一节　关于施特劳斯是否具有诠释学的争论

上面从施特劳斯的主张,即理解隐微和显白教诲之分对于理解过去的思想非常重要出发,探讨了施特劳斯的这一主张的具体含义,包括为何要充分关注这种区分,以及如何能够成功地理解这种区分。在很大程度上,施特劳斯的主张为现代人如何阅读古代经典提供了一个新的进路。那么,施特劳斯关于解读过去思想和经典文本的说法是否能够被称作是一种诠释学?可以发现,诠释学界几乎不怎么提施特劳斯。

20世纪90年代初,康托曾经一针见血地指出:"施特劳斯虽然重新提出了应该如何理解过去的文本的问题,但英美学界讨论诠释问题时几乎不提施特劳斯。"[1]2015出版的《路特里奇解释学指南》(*The Routledge Companion to Hermeneutics*)收录了扎科特伉俪一篇关于施特劳斯的诠释方法的文章《施特劳斯:诠释学还是隐微主义?》(*Strauss: Hermeneutics or Esotericism?*)。其中指出,施特劳斯的诠释实践包含三个主张,分别是融合哲学与历史、像作者理解自己一样理解作者、以及注意作者的"写作艺术"。[2]但对于施特劳斯关于如何解读经典文本的论述是否可以被认为

---

[1] CANTOR P A. Leo Strauss and Contemporary Hermeneutics[C]//UDOFF A, ed. Leo Strauss's Thought: Toward a Critical Engagement. Boulder: Lynne Rienner Publishers, 1991: 267-268.

[2] ZUCKERT C, ZUCKERT M. Strauss: Hermeneutics or Esotericism[C]//MALPAS J, GANDER H H, eds. The Routledge Companion to Hermeneutics. London & New York: Taylor & Francis Group, 2015: 129, 130.

是一种诠释学,扎科特侃俪有些犹豫不决。正如题目所示,他们在"诠释学还是隐微主义"后面打了个问号。但这种犹豫不决可以说并无必要。扎科特侃俪既已认为施特劳斯有其"诠释主张",为何不再向前一步,承认施特劳斯有其诠释学?施特劳斯虽然从未像施莱尔马赫、狄尔泰、海德格尔和伽达默尔等诠释学大师那样,建立一套完整的诠释学理论,但的确有其独特的诠释学思想。况且,施特劳斯也曾婉转地默认,他具有某种诠释学。①

诠释学(Hermeneutics)一词源于古希腊神话中赫尔墨斯神(Hermes)的名字。赫尔墨斯是一位信使,其任务是把奥林匹亚山上诸神的话传给山下的凡夫俗子。因此,诠释学被定义成是一门关于理解、翻译和解释的学科。伽达默尔曾经说过,诠释学"一直被理解为说明和解释的理论或艺术"②。从这个意义上而言,施特劳斯关于如何解读经典文本的论述可以被视作一种诠释学。正如上所示,首先,施特劳斯提出,理解包括解释和说明,解释先于说明。其次,在施特劳斯看来,真正的理解意味着像作者理解自己一样理解作者,而非比作者理解自己更好地理解作者。

第二节 施特劳斯诠释学的特点:一个比较研究

为了理解施特劳斯的诠释学的转折意义,下面把施特劳斯的诠释学与施莱尔马赫、狄尔泰、海德格尔、伽达默尔、利科(Paul Ricoeur)、赫施(E. D. Hirsch)等人的诠释学作个简短的比较。施莱尔马赫一般被视为西方现代诠释学的奠基者。在施莱尔马赫看来,诠释是一种"理解的艺术"(art of understanding),这种艺术的发展和成功,在于"对给定话语历

---

① 施特劳斯,等.回归古典政治哲学:施特劳斯通信集[M].迈尔,编.朱雁冰,何鸿藻,译.北京:华夏出版社,2006:419.
② 洪汉鼎.诠释学:它的历史和当代发展[M].北京:中国人民大学出版社,2018:4.

史的、占卜的客观和主观重建"。① 施莱尔马赫提出,对给定话语历史的、占卜的客观和主观重建包括两个方面:一是对文本进行语法解释(grammatical explication),以求得文本的字面意义;二是对文本进行心理解释(psychological explication),结合作者的时代背景、语言系统、人生经历等,通过设想作者的处境而确定符合作者原意的解释。② 施莱尔马赫的重建概念后来得到了狄尔泰的共鸣。狄尔泰对诠释学史作了详细的历史考察,发现施莱尔马赫提出要对文本进行心理—历史的重建情有可原:施莱尔马赫之前的几个世纪都从语文技巧上下功夫,他需要穿过文本表面寻求文本背后的东西,寻求文本被创造出来的过程本身,为了理解这个创造性过程,他不得不进行心理和历史的重建。③ 所以,狄尔泰发展了施莱尔马赫的重建概念,提出通过重温作者的"体验",即通过"心理移情"挖掘出深藏在文本字面意义背后的作者意图。在第五条诠释命题中,狄尔泰指出:"人文科学中的每一个抽象命题都只能通过生活经验和理解所蕴含的心理活动得到合理证明。"④狄尔泰和施莱尔马赫虽有差别,但都将诠释学定位为"揭示作者原意",且都认为为了揭示作者原意,需要引入心理学的方法论,借助心理学的法则。相比而言,施特劳斯虽然也主张"揭示作者原意",但并不主张采取施莱尔马赫和狄尔泰的"心理重建"进路,对作者创造文本的心理进行重演。比如,施特劳斯几乎不主张结合作者的个人经历来理解作者的意图。相反,施特劳斯认为需要到作者本身所思考的问题中去寻找答案。在施特劳斯看来,面对一本书时,需要通过这样一些问题来追寻作者的原意。比如,这本书的主题是什么?作者如何

---

① SCHLEIERMACHER F. Hermeneutics and Criticism and Other Writings[M]. BOWIE A, ed. & trans. Cambridge: Cambridge University Press, 1998: 5, 23.
② SCHLEIERMACHER F. Hermeneutics and Criticism and Other Writings[M]. BOWIE A, ed. & trans. Cambridge: Cambridge University Press, 1998: 30, 90. 参见潘德荣. 西方诠释学史[M]. 北京:北京大学出版社,2016:4-5.
③ DILTHEY W. The Rise of Hermeneutics[M]//DILTHEY W. Hermeneutics and the Study of History. Wilhelm Dilthey Selected Works, Volume IV. MAKKREEL R A, RODI F, eds. Princeton: Princeton University Press, 1996: 246.
④ DILTHEY W. The Rise of Hermeneutics[M]//DILTHEY W. Hermeneutics and the Study of History. Wilhelm Dilthey Selected Works, Volume IV. MAKKREEL R A, RODI F, eds. Princeton: Princeton University Press, 1996: 252.

标明或理解这本书的主题？作者探讨这个主题的意图是什么？针对该主题，作者提了哪些问题？他主要关注这个主题的哪个方面？① 施特劳斯表明，需要到作者留下的文本中去寻找作者的意图，而不是通过重新演绎和重新建构作者的"体验"把握作者的意图。

施莱尔马赫和狄尔泰至少还承认作者的原意这个东西，但海德格尔和伽达默尔却是彻底放弃了这种前提。后两者认为，不存在作者的原意这个东西，文本本身并不存在某种客观意义，文本的意义是在理解中生成，并非文本本身所固有。在海德格尔看来，意义是"在理解着的展开活动中可以明确说出的东西"，意义必须被理解为"属于理解的展开状态的生存论形式构架"，所有不具有此在的存在方式的在者都必须被理解为"无意义的在者"。② 伽达默尔接受了海德格尔的现象学进路，同样认为文本及其意义不是某种客观存在的东西，而是在意识中被构建起来并被我们意识到的东西。在伽达默尔看来，作者完成文本之后，就与文本脱离了关系。文本脱离了作者的原意，按其自己的模样存在。文本不是"一个被给定的对象"，而是"'理解'事件进程的一个阶段"，文本的意义不是预先给定的，而是在诠释中被创造出来的，是对于读者而言的意义。③ 可以发现，施特劳斯也不同意这样的主张。施特劳斯认为，文本本身具有某种客观意义。在很大程度上，它表现为文本所表达的真理，即作者对整全的描述。诠释的任务，正是通过作者的明确陈述而理解作者在文本中所描述的真理。因此，诠释意味着回归文本或作者，而非赋予文本以意义。可见，如果说伽达默尔的诠释学是一种以读者为中心的诠释学，那施特劳斯的诠释学就可以说是一种以作者或文本为中心的诠释学。当然，正如前面所示，施特劳斯"以作者为中心"，与施莱尔马赫和狄尔泰"以作者为中心"还不是一码事。总的说来，施特劳斯的诠释学可以

---

① STRAUSS L. How to Study Spinoza's *Theologico-Political Treatise* [M]//STRAUSS L. Persecution and the Art of Writing. Chicago: The University of Chicago Press, 1988: 147.
② 海德格尔. 理解和解释[M]//洪汉鼎. 理解与解释：诠释学经典文选. 北京：东方出版社，2001：121.
③ 潘德荣. 西方诠释学史[M]. 北京：北京大学出版社，2016：362-363.

说是一种"文本—作者中心论"诠释学。在施特劳斯的诠释学中,文本和读者这两个向度密不可分。对于施特劳斯而言,文本与作者是一致的,也是融为一体的。

海德格尔和伽达默尔的本体论诠释学风头正劲之时却受到了一定的质疑。贝蒂(Emilio Betti)、利科、赫施等都提出,为了彻底克服本体论诠释学所带来的相对主义甚至虚无主义,需要回归诠释学的本意:正确理解文本。让我们先看利科的"文本中心论"诠释学。利科认为,文本是"被书写固定下来的话语"。① 由于文本是被固定化了的话语,因而对文本的阅读不同于言谈。言谈时,对话者之间可以进行多个回合的交流,但阅读时,却只是读者单方面地阅读文本,作者并不在场,并不回应。因此,相较于言谈,文本具有自主性。② 利科认为,基于文本的特殊性,对于文本的阅读,可以采取两种态度:说明和解释。说明是把文本仅当成是一堆文字,对其内在关系和结构进行分析,解释则是让文本"活过来",让文本的内部关系和结构获得意义。③ 由于第二种态度让文本不再仅仅是单纯的文本而已,而是具有了意义,因而第二种态度才是阅读的真正目的所在。④ 那么,解释到底指什么?让文本获得意义又指什么?利科提出,由于文本具有自主性,对于读者而言,作者是不在场的,文本向读者敞开的只是文本的意指,因而解释者对文本进行解释,实质上只是将自我与文本相连接更新文本的意思。也就是说,解释让文本获得意义,是指解释者根据文本所指建构文本的意义,而非揭示出作者的意思。⑤ 与此同时,由于解释是解释主体的行为,因而解释具有占有性特征,解释不仅是解释主体

---

① RICOEUR P. What is a text? Explanation and interpretation[M]//RASMUSSEN D M. Mythic-Symbolic Language and Philosophical Anthropology: A Constructive Interpretation of the Thought of Paul Ricœur. The Hague: Martinus Nijhoff, 1971: 135.
②③ RICOEUR P. What is a text? Explanation and interpretation[M]//RASMUSSEN D M. Mythic-Symbolic Language and Philosophical Anthropology: A Constructive Interpretation of the Thought of Paul Ricœur. The Hague: Martinus Nijhoff, 1971: 139.
④⑤ 保罗·利科. 什么是文本?说明与理解[M]//保罗·利科. 诠释学与人文科学. 孔明安,等译. 北京:中国人民大学出版社,2011:119.

建构文本意义的行为,也是解释主体占有文本进行自我建构的行为。① 可以发现,利科看似提出了对以海德格尔和伽达默尔为代表的现代诠释学的挑战,实质上却与之有着相通之处。对于利科而言,文本与作者这两个向度是分开的,并不是一致和融为一体的。诠释不是体验作者之体验,挖出深藏在文本字面意义背后的作者意图,也不是根据作者之陈述(即文本)寻找作者的意图,而是将自我放到文本之中建构文本的意义,并将此作为自我理解的过渡阶段再反过来建构自身的意义。这样一来,我们便可以看到,利科和施特劳斯虽然都强调文本的重要性,但背后的诠释学主张实际上却截然不同。对于利科而言,文本与作者相独立,诠释不关乎作者,诠释始终都是诠释者与文本之间的事。但是,对于施特劳斯而言,诠释绝非是诠释者的自娱自乐,而是按照作者在文本中给出的指示前进,最终认识作者,把握作者在文本中所表达的原意。

如果说利科与现代诠释学还藕断丝连,那赫施可以说是真正返回了传统诠释学。首先,赫施提出,文本的意义应该是作者所指的意义,而非读者所赋予的意义,对文本的解释可以有很多种,但唯一正确的是符合作者原意的那种。② 其次,由于符合作者原意的解释才是正确的解释,因而正确的解释建立在对作者意图的恰当把握之上,比作者理解自己还更好地理解作者很有可能是对作者的误解。赫施这样说道:"有些解读者自认为揭示出了作者'有所指但没有意识到'的意义是比作者理解自己还更好地理解了作者,但很多时候,这其实是歪曲、篡改了作者意识到的意义而误解了作者。"③在赫施看来,虽然把握作者的原意并非易事,但这确实是诠释的必经之路,离开作者的意图,文本的意义就无法确定,有效的诠释也无从谈起。④ 最后,诠释文本之际,考虑作者生平、历史和社会背景等

---

① 保罗·利科. 什么是文本? 说明与理解[M]//保罗·利科. 诠释学与人文科学. 孔明安,等译. 北京:中国人民大学出版社,2011:120.
② HIRSCH E D, Jr. Validity in Interpretation[M]. New Haven:Yale University Press, 1967:5-6,10,25.
③ HIRSCH E D, Jr. Validity in Interpretation[M]. New Haven:Yale University Press, 1967:21.
④ 潘德荣. 西方诠释学史[M]. 北京:北京大学出版社,2016:410.

是没有必要的。在赫施看来:"召唤对文学作品进行文学研究……是召唤用文学本身去研究文学,而非用历史、自传、道德或社会去研究。更好的语境(context)是前者,而非后者。"①可以发现,赫施不只是简单地重拾施莱尔马赫和狄尔泰的诠释学,而是更进一步,返回到了施莱尔马赫之前的诠释传统。那么,赫施与施特劳斯的诠释学是否不谋而合?乍看上去的确如此。前面三条原则与施特劳斯所说的几乎完全相同。但如果能够想起施特劳斯关于注意双重教诲区分的建议,就可以发现,两者还是有着不同。赫施虽然强调作者的原意和文本的客观意义,但决然没有考虑到"作者有所隐藏"这种可能,没有考虑到写作不仅仅只是个语言问题,语言还是对存在问题的表达。

第三节 施特劳斯的政治哲学诠释学

通过上述这番比较,可以发现,施特劳斯的诠释学体现出三个特点。一是施特劳斯的诠释学具有反虚无主义的意味。海德格尔和伽达默尔否认文本具有客观意义,但施特劳斯对这种虚无主义倾向的诠释学提出了质疑,回到了传统诠释学。施特劳斯坚持文本本身具有客观意义,且诠释的目的正是竭尽所能找到文本的客观意义,找到作者的真实意图,虽然最终能不能找得到是个问题。二是施特劳斯虽然回归了前虚无主义的传统诠释学,但不只是回到狄尔泰或施莱尔马赫,而是继续往前,比施莱尔马赫和狄尔泰更为"传统"。施莱尔马赫和狄尔泰承认文本的意义,且认为读者可以通过心理移情的方式把握文本的意义,甚至可以进一步挖掘出作者自己都没有意识到的东西——比作者理解自己更好地理解作者。但施特劳斯拒绝对作者进行重演的可能,拒绝可能比作者理解自己更好地理解作者。三是施特劳斯的诠释学并不只是单纯地回归以文本和作者为

---

① HIRSCH E D, Jr. Validity in Interpretation[M]. New Haven: Yale University Press, 1967: 146.

中心的传统诠释学,而是还注意到了一种古老的写作艺术。赫施也回归了以文本和作者为中心的传统诠释学,也和施特劳斯一样承认文本的客观意义,并认为文本的客观意义与作者的意图紧密相关,因而正确的诠释在于通过文本把握作者的原意,但施特劳斯却独具一格地主张,要注意一种古老的写作艺术,注意通过区分作者表面上的教诲和真实的教诲来把握作者的原意。因此,总的说来,施特劳斯的诠释学在西方现代诠释学史上有两个转折意义。首先,它正式实现了从"阐"到"诠"的回归。诠释一词的原意,用一个老掉牙的例子来描述,就是古希腊神话中赫尔墨斯神将宙斯的旨意传达给人类。正如帕尔默(Richard E. Palmer)所总结,诠释一词具有三层含义,一是言说(to say),二是解释(to explain),三是翻译(to translate)。① 诠释者需要向众人言说、解释、翻译被诠释者的意思。诠释是诠释者传达被诠释者的意思,而不是传达诠释者自己所认为的那个意思。但海德格尔和伽达默尔以来,诠释不再是诠释,更多地是变成了阐释:否认文本客观意义,意义取决于解释者。诠释是一条面向文本和作者本身的路,注重文本和作者原意,落实文本和作者的确定性,不取开放、多元性阐释,阐释则正好相反。② 通过主张像作者理解自己一样理解作者,施特劳斯正式把诠释活动从"阐释"拉回了"诠释"本意,实现了从"阐"到"诠"的转变。另外,施特劳斯的诠释学提醒人们注意西方哲学史上一种古老的写作艺术。施特劳斯提出,诠释文本时要充分考虑到作者有可能传达了双重教诲。可以说,这是施特劳斯诠释学的主要意义所在。施特劳斯的诠释思想充满对哲学与社会之固有紧张的考量,对哲人实践智慧的尊重。施特劳斯表明,哲人的写作方式与哲人对自身的生存悖论的思考紧密相关,因而对经典哲学文本的诠释必须要考虑哲人在追问关于政治事务的智慧时如何应对自己的生存悖论。从这个意义上而言,施特劳斯的诠释学可以说是一种政治哲学诠释学。

至此,本书较为详尽地考察了重新发现双重教诲传统对施特劳斯诠

---

① PALMER R E. Hermeneutics: Interpretation Theory in Schleiermacher, Dilthey, Heidegger, and Gadamer[M]. Evanston: Northwestern University Press, 1969: 14-32.
② 张江."阐""诠"辨:阐释的公共性讨论之一[J]. 哲学研究,2017(12):22.

释思想的影响,并提出施特劳斯的诠释学可以被认为是一种政治哲学诠释学。为了更好地展示施特劳斯的诠释思想,下面两章聚焦于施特劳斯自身的诠释实践。第六章分析施特劳斯对修昔底德及其《伯罗奔尼撒战争史》的隐微解读,第七章分析施特劳斯对现代自由主义的节制批判。

第六章

施特劳斯对修昔底德的隐微解读

这一章旨在以施特劳斯对修昔底德的隐微解读为例,说明施特劳斯意义上的隐微解读指什么,施特劳斯如何实践其两条诠释学原则。这一章试图说明,对于《伯罗奔尼撒战争史》的解读,施特劳斯首先坚持从修昔底德的论断出发,充分按修昔底德之言理解修昔底德。对修昔底德有了充分的字面解读之后,施特劳斯不拘泥于字面,开始阅读字里行间,并发现了修昔底德的隐微教诲。施特劳斯发现,修昔底德表面上认为,城邦和人受制于神,神往往眷顾虔诚、正义、节制的城邦和人,惩罚不虔诚、不正义的城邦和人。但实际上却暗示,城邦和人的命运不是神操纵的结果,所谓的神和神法并不存在,世界的基本事实是运动,是运动与静止的相互转化。得益于这种充分注重字面、又不拘泥于字面的阅读方式,施特劳斯最终看到了修昔底德哲学的一面,看到修昔底德不仅仅是现代或前现代意义上的历史学家,也不仅仅是霍布斯意义上"最具政治性的历史学家"(the most politic historiographer),而是"哲学的历史学家"(a philosophic historian)。

第一节 以修昔底德之言理解修昔底德

面对修昔底德的名作《伯罗奔尼撒战争史》,施特劳斯首先试图明确,这是一本怎样的史书。施特劳斯发现,虽然这是一本史书,却并不是一本平常意义上的史书。首先,在这本书中,关于经济、文化等因素的叙述很少。其次,这本书不仅仅是为了记载某次特殊的战争,而是旨在提供永恒的智慧。最后,这本书在讲述历史事件的过程中,如果讲到历史人物发表了什么演讲,会对演讲内容进行加工,书中所呈现的演讲都不是真实记载。① 施特劳斯同时也发现,在这本著作中,存在着前后矛盾、话语省略、偏题、内容安排杂乱无章等情况。另外,这本书虽然旨在为后世提供永恒的智慧,但并没有给出系统的理论和学说,没有进行系统的说教和教导。相反,书中充斥着不同的说法,让人难辨哪些是作者之言,哪些不是作者之言。正是在这个意义上,施特劳斯认为,修昔底德的作品更像是柏拉图在《理想国》第三卷中所推荐的青年课程读本,而不像是现代意义上的史学著作。②

由于修昔底德的著作并不是现代意义上的史学著作,因而施特劳斯没有从现代前提出发进行理解。施特劳斯没有关注修昔底德生于何年、卒于何年,也没有关注修昔底德生活在怎样的时代,更没有关注修昔底德的哪些个人经历促使他写作《伯罗奔尼撒战争史》。相反,施特劳斯专注于修昔底德之言,按修昔底德的意思理解修昔底德。在《伯罗奔尼撒战争史》中,修昔底德的第一个判断或者主张是:伯罗奔尼撒战争是最伟大的战争,比过去的战争都要伟大。③ 对于这个判断,施特劳斯没有提出质疑。施特劳斯并没有寻找相关的证据,来证明伯罗奔尼撒战争并不是古代最伟大的战争。④ 相反,施特劳斯暂且接受了这个判断,并看修昔底德如何证明这个判断。在《伯罗奔尼撒战争史》中,修昔底德的另一个判断是,他的这本著作不仅有助于人们清楚地了解过去所发生的事件,也有助于清楚地了解将来也会发生的类似事件,因为人性总是人性。⑤ 对于修昔底德的这个说法,施特劳斯也未提出质疑。施特劳斯并没有怀疑,关于伯罗奔尼撒战争的一本著作是否足以成为永世的宝典。相反,施特劳斯努力地说明,为何在修昔底德看来,关于这场特定战争的记述蕴藏着永恒

---

① STRAUSS L. The City and Man[M]. Chicago: The University of Chicago Press, 1964: 141-142.
② 施特劳斯等. 回归古典政治哲学:施特劳斯通信集[M]. 迈尔,编. 朱雁冰,何鸿藻,译. 北京:华夏出版社,2006:281.
③ 修昔底德. 伯罗奔尼撒战争史[M]. 谢德风,译. 北京:商务印书馆,2017:2.
④ 施特劳斯注意到,根据伊索克拉底,特洛伊战争是最伟大的战争。STRAUSS L. The City and Man[M]. Chicago: The University of Chicago Press, 1964:154.
⑤ 修昔底德. 伯罗奔尼撒战争史[M]. 谢德风,译. 北京:商务印书馆,2017:20.

第六章　施特劳斯对修昔底德的隐微解读

智慧。① 还有一个例子是施特劳斯对伯罗奔尼撒战争起因的解读。关于伯罗奔尼撒人和雅典人之战的起因，修昔底德是这么说的："当雅典人和伯罗奔尼撒人破坏了三十年休战合约之后，战争就开始了……但是，这次战争的真正起因，照我看来，常常被争执的言辞掩盖了。使战争不可避免的真正原因是雅典势力的增长和因而引起的斯巴达的恐惧。"② 显然，这是两种有所不同的解释。施特劳斯接受了后一种解释，即战争的真正起因是雅典势力的增长和斯巴达的恐惧。在施特劳斯看来，这是修昔底德自己明确提出的判断。③ 正是在这个意义上，施特劳斯指出，《伯罗奔尼撒战争史》第一卷的中间部分（I89 - 118），即论述雅典势力之增长和扩张的部分，是第一卷的核心内容所在。其中，后半部分（I97 - 118），即论述雅典势力之扩张的部分，又是重中之重。④ 在施特劳斯看来，如果不从修昔底德的判断出发，不仔细阅读第一卷，就不会发现这一点，因为在这部分内容中，修昔底德丝毫没有明确表示，他是在解释战争的真正起因。⑤

为了更好地理解施特劳斯的这种解读方式，我们或许可以看看康福德（Cornford）对伯罗奔尼撒战争起因的解读。不同于施特劳斯，康福德从一开始就不采纳修昔底德的说法，不从修昔底德的视角出发来理解这场战争。康福德怀疑，一场大规模战争的爆发是否是源于某一方的恐惧。康福德从自身出发，选了个另外的视角来分析这场战争的起因。康福德分析了古希腊地区的地理形势，特别是科林斯（Corinth）、麦加拉（Megara）、厄基那（Aegina）的地理位置，又分析了伯罗奔尼撒战争爆发前雅典、麦加拉以及西西里的经济状况，以及雅典与西西里、迦太基（Carthage）等西边地区的贸易往来。最终，康福德得出结论，伯罗奔尼撒

---

① STRAUSS L. The City and Man[M]. Chicago：The University of Chicago Press，1964：142 - 143.
② 修昔底德. 伯罗奔尼撒战争史[M]. 谢德风，译. 北京：商务印书馆，2017：21.
③ STRAUSS L. The City and Man[M]. Chicago：The University of Chicago Press，1964：174.
④ 这一部分即为中译本第一卷的第七章和第八章。施特劳斯的观点详见：STRAUSS L. The City and Man[M]. Chicago：The University of Chicago Press，1964：180 - 181.
⑤ STRAUSS L. The City and Man[M]. Chicago：The University of Chicago Press，1964：181.

施特劳斯的诠释学创新

战争的真正起因是麦加拉法令。雅典人想要征服西西里,要先征服科林斯,而要征服柯林斯,要先征服麦加拉。根据这样的逻辑,伯里克利提出了将麦加拉人驱离出帝国港口的禁令。① 康福德认为,如果不了解麦加拉法令,伯罗奔尼撒战争的起因就永远都是一个不解之谜。② 从这样的结论出发,康福德反过来批评修昔底德忽略了麦加拉法令的重要性。③

前面提到,施特劳斯主张应该像作者理解自己一样理解作者。可以发现,在阅读修昔底德的过程中,施特劳斯的确从这样的原则出发去理解修昔底德。正如上面所示,施特劳斯从修昔底德出发来解读修昔底德。施特劳斯专注于修昔底德之言,按修昔底德的意思理解修昔底德。但是,施特劳斯的解读虽然注重字面,却不拘泥于字面。下面将说明,施特劳斯如何通过注重修昔底德的双重写作艺术,从而看到修昔底德隐藏在显白教诲之下的隐微教诲。

第二节 论修昔底德的显白教诲

面对修昔底德的著作,施特劳斯的第一印象是,这不是一部平常意义上的史书。它虽然讨论的是关于人性的永恒问题,提供的是关于政治的永恒智慧,但不是像柏拉图或亚里士多德的政治哲学著作那样,直接讨论最好的政治制度、最好的生活方式。相反,修昔底德描述了真实的战争、真实的政治生活和真实的政治制度。修昔底德始终都是站在城邦的角度

---

① CORNFORD F M. Thucydides Mythistoricus[M]. London:Edward Arnold,1907:38,43,51.
② CORNFORD F M. Thucydides Mythistoricus[M]. London:Edward Arnold,1907:51.
③ 在第一卷第十一章,修昔底德说道:"但是他们所明白地提出来最主要的一点是:如果雅典能够撤销那个排斥麦加拉人于雅典帝国内一切港口以及亚狄迦(Attica)本身市场之外的麦加拉法令,那么,战争就可以避免了。"(修昔底德. 伯罗奔尼撒战争史[M]. 谢德风,译.北京:商务印书馆,2017:110)可见,修昔底德实际上暗示了伯罗奔尼撒战争与麦加拉法令的紧密关系。修昔底德虽然没有结合地理、经济等因素说明麦加拉法令的重要性,但却通过笔下人物之口透露了这一点。

来看待城邦,没有走出城邦这个"洞穴",以高于城邦的视角来俯视城邦。①

伯罗奔尼撒战争发生在以斯巴达人为首的斯巴达同盟和以雅典人为首的雅典同盟之间。施特劳斯发现,修昔底德虽然是雅典人,但笔下却尽是对斯巴达人的欣赏和美誉。在修昔底德笔下,斯巴达人生活简朴,即使富裕的人也尽可能过着俭朴的生活。生活方式上的节制带来了政治上的稳定,四百多年来,斯巴达人的政体没有发生变更和替换。② 另外,修昔底德笔下的斯巴达人非常虔诚。对于雅典人的侵扰,斯巴达一开始保持冷静,最后忍不下去了,才决议向雅典人开战。在发动战争之前,斯巴达人特意去特尔斐神庙问神,他们可不可以作战。神告诉他们,若他们全力作战,胜利是属于他们的,不论他们是不是向神祈祷,神都会保佑他们。③ 施特劳斯发现,除了这件事之外,修昔底德还讲了很多其他类似的事。比如,斯巴达人在建立殖民地赫拉克利亚(Heracleia)时,也是先去问特尔斐的神。得到一个有利的答复之后,斯巴达人才安排斯巴达本城以及斯巴达领土内其他城市的人向这个新的城市移民。④

施特劳斯发现,相比较而言,修昔底德笔下的雅典人就没有斯巴达人那么虔诚。修昔底德叙述了伯里克利的三篇演讲,在这三篇演讲中,伯里克利只在一处提到了神。即使在这唯一的一处,伯里克利也是这么说的:"到了极窘迫的时候,就是雅典娜女神像上的黄金片也可以利用。"⑤ 至于在那篇著名的葬礼演讲中,伯里克利则是根本没有提到神或神法。⑥ 在葬礼演讲的一开始,伯里克利首先表示,他并不喜欢在公葬典礼上发表演讲这种惯例,因为发言者很难说的恰如其分。但是,由于在公葬上发表演

---

① STRAUSS L. The City and Man[M]. Chicago:The University of Chicago Press,1964:153,231.
② 修昔底德.伯罗奔尼撒战争史[M].谢德风,译.北京:商务印书馆,2017:5.另参阅第12-13页,第17页。
③ 修昔底德.伯罗奔尼撒战争史[M].谢德风,译.北京:商务印书馆,2017:92.
④ 修昔底德.伯罗奔尼撒战争史[M].谢德风,译.北京:商务印书馆,2017:277.
⑤ 修昔底德.伯罗奔尼撒战争史[M].谢德风,译.北京:商务印书馆,2017:131.
⑥ STRAUSS L. Preliminary Observations on the Gods in Thucydides's Work [J]. Interpretation,1974,4(1):2.

施特劳斯的诠释学创新

讲是祖先所指定和赞许的,所以他也就只能遵守这个传统。为了说得恰如其分,伯里克利通过歌颂城邦来歌颂为城邦而牺牲的人。伯里克利说道:"这就是这些人为它慷慨而战、慷慨之死的城邦,因为他们只要想到丧失了这个城邦就不寒而栗。很自然地,我们生于他们之后的人,每个人都应当忍受一切痛苦,为它服务。"①

施特劳斯看到,为了说明雅典人的大胆或放肆,修昔底德特意安排了雅典人与弥罗斯人之间的一场辩论。在修昔底德笔下,雅典人对弥罗斯人发动第二次进攻之前,先对弥罗斯人进行了口头上的"进攻"。② 雅典人劝弥罗斯人归顺雅典帝国,以免遭受不必要的痛苦和损失。雅典人提醒弥罗斯人,强国与弱国之间没有正义可言,强者能够做他们能够做的一切,而弱者只能接受他们必须接受的一切。③ 但是,弥罗斯人并不屈服,坚信神祇会保佑他们,斯巴达人会援助他们。于是,雅典人再次告诫弥罗斯人,将自己的安危寄托在神灵和斯巴达人身上的做法很愚蠢。一方面,乞求于神的保护根本就不可行,自然界的普遍和必要规律,是在可能的范围内扩张统治的势力;另一方面,斯巴达人根本不会横渡海洋救援一个小岛,因为他们将正义定义为符合自己的利益。但是,弥罗斯人依然相信神和斯巴达人。由于弥罗斯人仍然不肯投降,雅典人便第三次告诫弥罗斯人,把一切都押在斯巴达人、命运和希望这种孤注上面,把信心寄托在他们中间,终究是会上当的。④

施特劳斯发现,对于雅典人的放肆,修昔底德描述了其悲剧性。⑤ 在那篇著名的葬礼演讲中,伯里克利没有提到神或神法。的确,讲完伯里克利的这篇演讲之后,修昔底德就讲了雅典的瘟疫。修昔底德告诉读者,公

---

① 修昔底德. 伯罗奔尼撒战争史[M]. 谢德风,译. 北京:商务印书馆,2017:151.
② 弥罗斯人不愿加入雅典帝国,雅典人便派尼西阿斯(Nicias)率军前往弥罗斯,将之征服。弥罗斯人的土地被雅典人破坏,但不肯投降。雅典人便离开了弥罗斯,向另一个目标航行。由于尼西阿斯没有拿下弥罗斯,所以雅典人对弥罗斯发动了第二次进攻,但这次不是以尼西阿斯为首领。
③ 参见修昔底德. 伯罗奔尼撒战争史[M]. 谢德风,译. 北京:商务印书馆,2017:466.
④ 修昔底德. 伯罗奔尼撒战争史[M]. 谢德风,译. 北京:商务印书馆,2017:473. 结束辩论回到军队之后,雅典人杀死了所有被俘的青壮年男子,并将妇女和孩童卖为奴隶。
⑤ STRAUSS L. The City and Man[M]. Chicago:The University of Chicago Press,1964:153.

第六章　施特劳斯对修昔底德的隐微解读

葬典礼是在战争第一年末的冬季里举行的。在下一年夏季之初,雅典就爆发了瘟疫。瘟疫是如此厉害,以至于任何技术或科学都毫无办法,不管是向神庙祈祷,还是询问神谶,都毫无用处。① 有人因而怀疑,是不是斯巴达人的神谶起了作用,因为斯巴达人曾问神可不可以作战。神告诉他们,如果他们全力以赴,胜利是属于他们的,神自己也会保佑他们。乍看之下,神似乎的确保佑了节制、虔诚的斯巴达人,惩罚了大胆、放肆的雅典人。另外,讲完雅典人和弥罗斯人的辩论之后,修昔底德讲了雅典人的西西里远征及其惨败。修昔底德告诉读者,雅典人远征西西里的结局极为悲惨,极为痛苦。雅典人在叙拉古(Syracuse)全军覆灭,海军、陆军都毁灭了。曾经认为自然规律就是强者统治弱者、并对神谶之类不屑一顾的雅典人,最后不是惨遭杀害,就是在叙拉古的俘虏石坑里痛不欲生。

前面提到,施特劳斯对修昔底德的第一印象是,修昔底德始终都是站在城邦的角度来看待城邦,没有走出城邦这个洞穴,以高于城邦的视角来俯视城邦。的确,施特劳斯看到,在描述雅典人的过程中,修昔底德多次传达了城邦中的流行看法和观点,那就是,不敬神会遭到厄运,敬神会拥有好运。正如前面所示,修昔底德一讲到雅典人如何放肆,便会接着讲雅典人如何惨遭不好的结局。在讲述雅典将军尼西阿斯的结局时,修昔底德对这种流行观点的认同表达得最为直接。修昔底德哀叹:"在所有的希腊人中间,尼西阿斯最不应该遭受如此悲惨的结局,因为尼西阿斯终身致力于道德研究和实践。"②修昔底德表明,敬神的人,应该拥有一个好的结局。

---

① 修昔底德.伯罗奔尼撒战争史[M].谢德风,译.北京:商务印书馆,2017:156-157.
② 在修昔底德笔下,尼西阿斯是一个虔诚、节制、正义的人。但是,尼西阿斯并没有得到善终,而是被敌人残忍地杀害,虽然有人提出不要取尼西阿斯的性命。详见修昔底德.伯罗奔尼撒战争史[M].谢德风,译.北京:商务印书馆,2017:632.

施特劳斯的诠释学创新

第三节 论修昔底德的隐微教诲

在施特劳斯看来,修昔底德对尼西阿斯的扼腕叹息,实际上只是修昔底德的表面功夫而已。① 修昔底德多次描述了尼西阿斯的敬神行为,但是,修昔底德越是描述尼西阿斯的敬神行为,就越是让人觉得尼西阿斯的敬神行为是不合时宜的,它们反而造成了尼西阿斯的悲惨下场。比如,在雅典军队生死攸关之际,尼西阿斯依然关心神的指示,最终因虔诚之故而耽误了撤退良机,酿成了雅典人在西西里的悲剧。施特劳斯认为,修昔底德通过尼西阿斯的故事表明,正义与虔诚等同于好运这种流俗观点实际上只是一种虚妄的希望,没有任何可靠的根基,跟弥罗斯人与雅典人进行辩论时所怀有的那种希望是一样的,这种不合时宜的虔诚可能反而会给人带来厄运。② 正是在这个意义上,施特劳斯设想,如果带军的人不是尼西阿斯,而是年轻大胆、血气方刚的年轻人阿尔基比亚德(Alcibiades),那雅典人或许会有一个愉快的结局。③ 但阿尔基比亚德却因为所谓的渎神事件,被雅典人剥夺了带军打仗的机会。雅典人不知道,他们因对神的关心而丢失了有可能给他们带来胜利的人。施特劳斯由此感慨,并不是神惩罚了雅典人,而是人对神的关注(human concern with the gods)惩罚了雅典人。④

如果说虔诚与好运只是一种巧合,不虔诚与厄运也只是一种巧合,虔诚与好运之间并无必然的联系,那雅典人在西西里的惨败也就不是雅典人因放肆而受到神之惩罚的结果。因此,施特劳斯寻找修昔底德到底是如何解释雅典人厄运的。施特劳斯看到,修昔底德认为,雅典人战败的直

---

① STRAUSS L. The City and Man[M]. Chicago: The University of Chicago Press, 1964: 208.
②③④ STRAUSS L. The City and Man[M]. Chicago: The University of Chicago Press, 1964: 209.

接原因是雅典军队的骑兵存在严重的不足和缺陷。雅典人在叙拉古城下取得胜利之后,就无法再继续作战了,因为他们的骑兵完全处于劣势之中。只有雅典派过来更多的马匹,西西里的同盟国上交马匹,再加上更多的金钱支持,他们才有可能继续作战。① 但是,施特劳斯进一步发现,修昔底德认为雅典人惨败的根本原因,并不是雅典军队的骑兵存在严重问题,真正的问题在于雅典人在后伯里克利时代出现了分裂。② 伯里克利去世之后,雅典人不再具有共识,开始变得四分五裂。在这个地方,我们回过头便可以看到,实际上早在论述伯里克利的政策之际,修昔底德就曾表明:"西西里远征……这个错误在于国内的人没有给予海外的军队以适当的支援。因为他们忙于个人的阴谋,以图获得对民众的领导权,他们让这个远征军失掉了它的动力。由于他们的不和,开始使国家的政策发生紊乱。"③

在施特劳斯看来,修昔底德不仅用隐微手法揭示出雅典惨败的真正原因,以此来反驳"雅典人惨败是因为雅典人不敬神"这个流俗观点,也用隐微手法揭示出并不是对神灵的僭越带来了不幸,而是不幸造成了对神灵的僭越。④ 修昔底德曾经说过,战争爆发后,当住在乡间的雅典人需要搬到雅典城内但又找不到住处时,便在雅典的卫城等类似的地方盖起了房子。虽然神谶严禁人们在这些地方居住,但人们还是在上面住了。⑤ 所以说,并不是不敬神灵让他们无家可住,而是无家可住让他们不敬神灵。修昔底德还说过,雅典发生瘟疫之后,人们就不再求神占卜了,也不相信神祇了,因为他们发现祈祷、询问神谶没有任何效果,敬神和不敬神没什么两样。⑥ 所以说,并不是不敬神灵给他们带来了不幸,而是不

---

① STRAUSS L. The City and Man[M]. Chicago:The University of Chicago Press,1964:201.
② STRAUSS L. The City and Man[M]. Chicago:The University of Chicago Press,1964:192.
③ 修昔底德. 伯罗奔尼撒战争史[M]. 谢德风,译. 北京:商务印书馆,2017:170.
④ STRAUSS L. The City and Man[M]. Chicago:The University of Chicago Press,1964:178.
⑤ 修昔底德. 伯罗奔尼撒战争史[M]. 谢德风,译. 北京:商务印书馆,2017:134-135.
⑥ 修昔底德. 伯罗奔尼撒战争史[M]. 谢德风,译. 北京:商务印书馆,2017:156-157.

幸让他们不敬神灵。此外，修昔底德也透露，瘟疫发生之后，人们也开始不受法律法规的约束了，雅典开始有了空前违法乱纪的情况。① 另外，当西西里的坏消息传到雅典的时候，有些雅典人开始恼恨那些先知和预言家们，因为他们曾经用各种占卜形式鼓动他们，让他们相信他们可以征服西西里。②

从修昔底德的这些暗示中，施特劳斯看到的是修昔底德对神以及神法的质疑。在施特劳斯看来，修昔底德虽然在字里行间充满了对斯巴达人的欣赏，但骨子里是个名副其实的雅典人，具有雅典人的那种大胆、勇敢和恢宏气度。③ 最为明显的就是，在描述远古的希腊人时，修昔底德并没有像诗人们那样提到神。修昔底德的确提到了米诺斯（Minos）和阿伽门农（Agamemnon），但并没有提及他们的祖先。施特劳斯由此设想，对于修昔底德而言，神或许只是远古时代的野蛮人。④ 这样一来，神法不是什么神制定的法，神法的起源和本质实际上有些模糊和暧昧。⑤ 在施特劳斯看来，修昔底德对神和神法的质疑，极好地体现在修昔底德对雅典人和弥罗斯人之辩论的叙述中。一方面，修昔底德让雅典人劝弥罗斯人不要相信神以及斯巴达人，而是要屈服于强者总是统治弱者的自然规律。⑥ 另一方面，修昔底德克制住自己，不对雅典人的观点发表任何评论。⑦

通过对修昔底德的著作进行充分的字面阅读，对修昔底德著作中的矛盾、暗示、沉默、空白等进行字里行间的解读，并由此揭示出修昔底德对神和神法的质疑之后，施特劳斯最后表明，修昔底德实际上视运动为首要

---

① 修昔底德. 伯罗奔尼撒战争史[M]. 谢德风，译. 北京：商务印书馆，2017：159-160.
② 修昔底德. 伯罗奔尼撒战争史[M]. 谢德风，译. 北京：商务印书馆，2017：637.
③ STRAUSS L. The City and Man[M]. Chicago：The University of Chicago Press，1964：159，211，231.
④ STRAUSS L. The City and Man[M]. Chicago：The University of Chicago Press，1964：160.
⑤ STRAUSS L. The City and Man[M]. Chicago：The University of Chicago Press，1964：161.
⑥ STRAUSS L. The City and Man[M]. Chicago：The University of Chicago Press，1964：190.
⑦ STRAUSS L. Preliminary Observations on the Gods in Thucydides's Work[J]. Interpretation，1974，4(1)：8. 根据施特劳斯，沉默意味着默认。

或根本的事实(静止是运动的衍生)。① 施特劳斯指出,在修昔底德那里,是运动促成了世界上的万事万物。动中有静,静中有动,运动与静止的相互作用,促成了世界上的万事万物。世界是运动的结果,是动与静不断交替的结果,根本不是神操纵的结果。据荷马史诗所说,奥德修斯在回乡途中碰到了两个女妖,其中一个是卡立布狄斯(Charybdis)。但是,在修昔底德看来,卡立布狄斯并不是什么妖怪,而是"一个极为凶险的海上漩涡,由第勒尼安海(Tyrrhene)和西西里海(Sicilian)冲入的急流所形成"②。修昔底德不仅用运动与静止的交替变化来解释日食、月食以及地震等各种自然现象,也用它来解释人类事物。对于修昔底德而言,希腊文明的发展是运动的结果。远古时代,希腊地区没有人定居,没有安全的交通,没有正规的耕种,没有活跃的商业。经过许多年代之后,历经千辛万苦,希腊人才结束了不断迁徙的生活,过上定居的生活。接下来,希腊进入殖民时代。雅典人殖民了爱奥尼亚和大多数的岛屿,伯罗奔尼撒人殖民了意大利和西西里等地。③ 希腊文明发展到顶峰,是从运动状态变为最大的静止状态。最大的静止孕育着最大的运动,希腊文明到达顶峰之后所出现的伯罗奔尼撒战争,便是最大的运动。

第四节 论修昔底德作为一位哲学的历史学家

从独特的诠释学原则及阅读方法出发,施特劳斯看到了修昔底德的双重教诲。修昔底德一方面记录了有关神和神法的流俗意见,记录了城邦本身固有的对其自身的理解(即城邦受制于神),记录了"城邦遥远或黑暗的一面";另一方面又不只是记录了前哲学的城邦如何受制于神,还对

---

① 施特劳斯. 修昔底德:政治史的意义[C]//施特劳斯. 古典政治理性主义的重生. 潘戈,编. 郭振华,等译. 北京:华夏出版社,2011:160.
② 修昔底德. 伯罗奔尼撒战争史[M]. 谢德风,译. 北京:商务印书馆,2017:316.
③ 修昔底德. 伯罗奔尼撒战争史[M]. 谢德风,译. 北京:商务印书馆,2017:12.

"神会是什么"这个问题进行了思考和隐晦的说明。① 表面上，修昔底德表明，虔敬与好运之间存在必然的联系。不敬神会遭到厄运，敬神会拥有好运。虔诚、敬神的人会拥有一个好的结局，不虔诚、不敬神的人会拥有一个不好的结局。实际上，修昔底德多次于不经意间表露，虔敬与好运之间并无必然的关联，世界的基本事实是运动，运动与静止的交替变换催生了万事万物，所谓的神法，并不是神制定的法，而只是动静交替的自然之道。鉴于修昔底德用运动来解释世界，认为运动是首要和基本的事实，又说"人性总是人性"，其著作可以"垂诸永远"，施特劳斯认为修昔底德并不只是一个单纯的政治思想家，站在所在城邦的立场来看待一场战争，也不只是一个单纯的历史学家，记载了历史上某场特殊的战争，而是一个哲学的历史学家，用普遍来看待特殊，用永恒来看待变化，用整全来看待人性。②

可以发现，施特劳斯在具体展开对修昔底德的解读之前就暗示，修昔底德不是传统意义上与哲学陌路的历史学家。在《论修昔底德的〈伯罗奔尼撒战争史〉》的开篇，施特劳斯提出了对修昔底德的传统理解：修昔底德是一位历史学家，而不仅仅是个研究政治的人。③但是，施特劳斯旋即指出，修昔底德既非现代意义上注重科学性的历史学家，也非前现代意义上记载某次具体事件的历史学家。与现代意义上注重科学性的历史学家相比，修昔底德有三点不同。首先，修昔底德几乎不注重经济、文化等因素对历史的影响。其次，修昔底德认为自己的著作旨在垂诸永远，可以成为流芳百世的经典。最后，修昔底德并不只是广找史料并对史料进行叙述，而是对历史人物进行了加工，还创作了很多演讲词。④ 与前现代意义上的历史学家——亚里士多德意义上的历史学家相比，修昔底德也有一点不同。修昔底德叙述的虽然是已经发生的某个特殊事件（伯罗奔尼撒战争），却不局限于记载这个特殊事件，而是从这个特殊事件中发现了普

---

① STRAUSS L. The City and Man[M]. Chicago: The University of Chicago Press, 1964: 240.
② STRAUSS L. The City and Man[M]. Chicago: The University of Chicago Press, 1964: 240, 241.
③ STRAUSS L. The City and Man[M]. Chicago: The University of Chicago Press, 1964: 140.
④ STRAUSS L. The City and Man[M]. Chicago: The University of Chicago Press, 1964: 142.

第六章　施特劳斯对修昔底德的隐微解读

遍的东西。① 我们可以发现，正是通过对修昔底德的著作进行充分注重字面但又不拘泥于字面的阅读，施特劳斯详细说明了，为何修昔底德不是现代意义上或非现代意义上的历史学家，修昔底德与这两者的区别到底在哪里。

施特劳斯在一开始曾表示，修昔底德也不尽是霍布斯意义上最具政治性的历史学家（the most politic historiographer）。霍布斯曾经提出，修昔底德之于历史，犹如荷马之于史诗，亚里士多德之于哲学，德摩斯梯尼之于雄辩学。② 修昔底德是古来写史第一人，在讲述以往事件之时，还传达了智慧和知识，教人谨慎和深谋远虑。③ 在霍布斯看来，不同于其他历史学家，修昔底德"寡言少语，惜字如金"，既不在文中"偏离主题，加以政治或道德的说教"，也不"揣测人物的心理"，而是"最多只描述到行动为止"。④ 正是在这个意义上，霍布斯认为修昔底德是"最具政治性的历史学家"。⑤ 可以发现，施特劳斯对霍布斯的这种理解——寡言少语的修昔底德进行了秘密地教导——提出了挑战。施特劳斯首先表明，霍布斯有关修昔底德惜字如金的说法并不恰切，如果修昔底德真是惜字如金，那人们就不可能确认修昔底德的教诲。⑥ 施特劳斯正是从相反的前提出发，即修昔底德提出了很多论断，从而发现了修昔底德的众多教诲。施特劳斯发现，在修昔底德看来，伯罗奔尼撒战争的真正起因是雅典势力的增长和因而引起的斯巴达的恐惧。施特劳斯也发现，在修昔底德看来，雅典人在西西里的惨败是因为雅典军队的骑兵存在严重的不足、雅典人内部存在着分裂和不和。施特劳斯还发现，对于修昔底德而言，正义、虔诚、节制与好运之间并无必然的联系，世界的基本事实是运动，神和神法并不存在，

---

① STRAUSS L. The City and Man[M]. Chicago: The University of Chicago Press, 1964: 142-143.
②③ HOBBES T. To the Readers[M]//Hobbes's Thucydides. SCHLATTER R, ed. New Brunswick: Rutgers University Press, 1975: 6.
④ HOBBES T. To the Readers[M]//Hobbes's Thucydides. SCHLATTER R, ed. New Brunswick: Rutgers University Press, 1975: 7. 译文部分参考自韩潮. 霍布斯笔下的修昔底德：塔西佗主义、国家理性与霍布斯的转捩点[J]. 复旦政治学评论, 2017(1): 261, 262.
⑤ HOBBES T. To the Readers[M]//Hobbes's Thucydides. SCHLATTER R, ed. New Brunswick: Rutgers University Press, 1975: 7.
⑥ STRAUSS L. The City and Man[M]. Chicago: The University of Chicago Press, 1964: 145.

神法只不过是动静交替的自然之道。总之,施特劳斯证明,修昔底德并不是进行了秘密地教导,而是进行了公开地教导。只要阅读足够仔细,便能够看到修昔底德的教诲。从这个意义上而言,施特劳斯对修昔底德的解读是对霍布斯解读的反叛。施特劳斯在三个方面对霍布斯进行了反叛:一是在前提上,二是在诠释方法上,三是在最终结论上。从不同的前提出发,施特劳斯对修昔底德采取隐微解读,充分注重对修昔底德的字面阅读。得益于这种充分注重字面的阅读,施特劳斯得出了不同于霍布斯的结论——修昔底德是哲学的历史学家。[1] 与施特劳斯同时代的罗米利(Jacqueline de Romilly)、格雷钠(David Grene),以及后来的格思里(W. K. C. Guthrie)、扎戈林(Perez Zagorin)等,虽然也都提出过相同的见解,即修昔底德是哲学的历史学家,但都没有像施特劳斯这样,细致地阐述了在何种意义上修昔底德是哲学的历史学家。[2]

最后值得一提的是,施特劳斯对修昔底德的解读与他对政治—神学问题的关切紧密相关。施特劳斯曾经透露,他毕生所思考的问题是政治—神学问题。[3] 可以看到,在解读修昔底德的过程中,施特劳斯始终都在关注这个问题。施特劳斯考察了在修昔底德笔下,人们关于神的观念如何影响政治生活,政治生活又如何影响人们关于神的观念。施特劳斯也考察了修昔底德如何在记录城邦关于神的观点之时,同时传达自身关于神的观点。从这个意义上而言,施特劳斯对修昔底德的解读所呈现给我们的,不仅是修昔底德的形象,更是施特劳斯的形象。

---

[1] 施特劳斯后期的解读非常注重字面。在评价自己早年对斯宾诺莎的解读时,施特劳斯说道:"我过去对斯宾诺莎的理解过于拘泥于字面(too literally),因为我未能充分地按字面来阅读他." STRAUSS L. Spinoza's Critique of Religion[M]. New York: Schocken Books, 1982: 31.

[2] DE ROMILLY J. Thucydides and Athenian Imperialism[M]. THODY P, ed. Oxford: Blackwell, 1963; GRENE D. Greek Political Theory: The Image of Man in Thucydides and Plato[M]. Chicago: Phoenix Books, 1965; GUTHRIE W K C. A History of Greek Philosophy[M]. Vol. 3, part 1. London: Cambridge University Press, 1977; ZAGORIN P. Thucydides[M]. New Jersey: Princeton University Press, 2008.

[3] 施特劳斯.《霍布斯的政治哲学》德文版前言[M]//施特劳斯.霍布斯的宗教批判.杨丽,等译.北京:华夏出版社,2012:184.

第七章

施特劳斯对现代自由主义的节制批判

通过考察施特劳斯对修昔底德的隐微解读，我们对施特劳斯的诠释学有了一个较为直观的了解。可以看到，施特劳斯所谓的注意作者的写作艺术或者说隐微解读法，首先意味着对文本进行充分的字面解读。隐微解读法并不指对文本进行歇斯底里的挖掘，一门心思地去寻找字里行间，而不关注字面。恰恰相反，隐微解读法首先得重视字面，只有在充分理解字面意义的基础上，才能阅读字里行间，找到被遮蔽的隐含之意。当然，为了说明施特劳斯的隐微阅读实践，仅仅展示施特劳斯对修昔底德的解读还远远不够。但相信这样的考察，足以去除对施特劳斯隐微解读法的成见和误解。

本章转向施特劳斯的隐微写作实践，以施特劳斯对现代自由主义的批判为焦点，探讨施特劳斯如何用自己的写作诠释隐微主义。反思现代自由主义是施特劳斯的思想旨趣之一。施特劳斯曾经这样评论过德国法学家施米特（Carl Schmitt）的自由主义批判："施米特对自由主义的批判依然发生在自由主义的视界之内，依然受制于自由主义的思想体系。"[①]施特劳斯提出，"只有成功突破自由主义的视界，才算是完成了对自由主义的批判"，且由于霍布斯完成了自由主义的奠基，因而"只有在充分理解霍布斯的基础上，才有可能彻底批判自由主义"。[②]施特劳斯是这样说，也是这样做的。

本章聚焦于施特劳斯如何在理解霍布斯和古代自由主义的过程中，完成对现代自由主义的批判。本章先回顾施特劳斯对施米特的自由主义批判的批评，看施特劳斯如何得出施米特的自由主义批判并不成功的结论；然后转向施特劳斯对霍布斯政治哲学的解读，看施特劳斯如何在解读

[①②] 施特劳斯.评《政治的概念》[M]//施特劳斯.霍布斯的宗教批判.杨丽,等译.北京：华夏出版社,2012：48.

施特劳斯的诠释学创新

霍布斯政治哲学的过程中对现代自由主义展开批判；最后聚焦于施特劳斯有关古代自由主义的论述，看施特劳斯如何在肯定古代自由主义的过程中对现代自由主义进行批判。

本章试图说明：首先，施特劳斯基于霍布斯对传统道德法则的修正，对现代自由主义进行了批判，批判现代自由主义放弃了对有利于灵魂完美的德性的追求；其次，施特劳斯再次从古代自由主义追求德性的角度出发，对现代自由主义进行了批判。总的说来，不管是哪方面的批判，施特劳斯都是批评现代自由主义放弃了对德性的追求。通过考察施特劳斯对现代自由主义的上述批判，本章最终试图说明，在书写对现代自由主义的批判之际，施特劳斯并不大张旗鼓地批判现代自由主义，而只是在某些角落提出对现代自由主义的猛烈批判。

第一节 对施米特的现代自由主义批判的批判

自由主义从一开始以来便受到了不同程度的批评。进入20世纪之后，自由主义受到的批评非但没有减弱，反而越来越猛烈。在这些批评中，施米特的批评比较具有代表性。在施米特看来，自由主义具有中立化、去政治化的特征，它否定国家和政治，用道德、法律、艺术、经济等来掩盖政治。① 但是，与此同时，这种去政治化又是不彻底的，它没有完全否定国家和政治，自由主义派的中立化、去政治化立场及其主张都带有特定的政治含义。② 一方面，自由主义者像其他党派一样参与政治，甚至还结合了非自由主义的观点和主张；另一方面，自由主义者又从未形成他们自

---

① SCHMITT C. The Concept of the Political [M]. Chicago: The University of Chicago Press, 2007: 61, 69.
② SCHMITT C. The Concept of the Political [M]. Chicago: The University of Chicago Press, 2007: 61.

己的国家、政府和政治理论,也从未提出过明确的政治观念。① 施米特对自由主义的批评引起了施特劳斯的注意。面对施米特的批判,施特劳斯思考:施米特是否实现了对自由主义的批判,施米特的自由主义批判又是否成功。

施米特的基本论题是,国家的概念以政治的概念为前提。但政治是什么?政治的本质是什么?施特劳斯看到,施米特将政治定义成"划分敌友",认为政治关系的实质"包含在具体的敌对状态之中"。② 施特劳斯进一步发现,在施米特看来,由于敌对关系可以出现在各个领域,因而政治并不是一个独立的领域,而是渗透在各个领域之中。正是在这个意义上,施特劳斯认为施米特并不认同流行的文化概念,因为流行的文化概念将政治定义为相互独立的文化领域之一。施特劳斯这样说道,施米特"明确拒斥那种与其他'文化区域'并立等同的政治秩序",施米特认为"政治是基础性的",不是与其他领域,比如道德、审美、经济等并存的"相对独立的领域"。③ 看到施米特对政治的定义与对当时流行的政治概念的批判密切相关,施米特通过批判流行的文化概念对政治的定义而提出对政治的新定义,施特劳斯进一步指出,施米特的这一批判其实是对各种人类思想和活动领域的自主性提出了质疑。根据流行的文化概念,文化作为一个整体是纯粹的人类精神产品,已经具有自主性,是一种独立自主的创造。④ 但是,施米特却认为,文化不仅仅是纯粹的人类精神产品,还是对自然的教化,文化总是以对自然的教化为前提。⑤ 如果说文化首先是对人类自然天性的教化,那文化的前提就是理解人的自然天性。不过,从哪里可以理解人的自然天性呢? 施米特提出了自然状态概念。所以,在施米特看来,理解文化的前提就是理解自然状态,流行的文化概念遗忘了这一点,其实就是对自然状态的否定。正是在这

---

① SCHMITT C. The Concept of the Political[M]. Chicago: The University of Chicago Press, 2007: 69 - 70.
② 施特劳斯. 评《政治的概念》[M]//施特劳斯. 霍布斯的宗教批判. 杨丽,等译. 北京: 华夏出版社, 2012: 30 - 31.
③④⑤ 施特劳斯. 评《政治的概念》[M]//施特劳斯. 霍布斯的宗教批判. 杨丽,等译. 北京: 华夏出版社, 2012: 31.

个意义上,施特劳斯认为施米特"恢复了霍布斯的自然状态概念所具有的荣耀地位"。①

由于施米特重提霍布斯的自然状态,施特劳斯便对霍布斯的政治思想进行了考察。施特劳斯发现,按照施米特对政治的定义,霍布斯的思想中存在着对政治的全盘否定。② 根据施米特的政治概念,政治群体的本质在于它可以要求其成员随时准备牺牲。但是,对于霍布斯而言,由于死亡是最大的恶,个体的生存乃是第一位的,因而当国家对个体的要求威胁到个体的生死存亡时,个体拒绝国家的要求不能说是不正当的,国家并不能无条件地要求个体成员为国牺牲,只有国家对个体的要求不会威胁到个体的生命之时,国家的要求才可以说是合理的。③ 由于霍布斯将个体的权利要求置于国家之上,并用个体的权利要求决定了国家的目的和权限,因而施特劳斯认为霍布斯为自由主义的整个体系开辟了道路。④ 施特劳斯说道,霍布斯"在一个非自由主义的世界上完成了自由主义的确立"⑤。

考察了霍布斯与自由主义的关系之后,施特劳斯回到了施米特对自由主义的批判。施米特出于自由主义的失败而重拾了自由主义所缺失的东西——对政治的肯定。于是,施特劳斯对施米特所谓的"对政治的肯定"进行了思考。施特劳斯看到,施米特对自由主义的批判,对政治的肯定,实质上是对人类生活严肃性的肯定,因为施米特正是从自由主义世界人类生活严肃性的消失,提出需要重拾严肃性,进而对政治予以肯定。但是,施特劳斯惊奇地发现,施米特在肯定人类生活严肃性的同时,却并没有肯定道德。在施米特的著作中,对"道德先于政治"的批驳比比皆

---

① 施特劳斯.评《政治的概念》[M]//施特劳斯.霍布斯的宗教批判.杨丽,等译.北京:华夏出版社,2012:32.
②③ 施特劳斯.评《政治的概念》[M]//施特劳斯.霍布斯的宗教批判.杨丽,等译.北京:华夏出版社,2012:33.
④ 施特劳斯.评《政治的概念》[M]//施特劳斯.霍布斯的宗教批判.杨丽,等译.北京:华夏出版社,2012:34.
⑤ 施特劳斯.评《政治的概念》[M]//施特劳斯.霍布斯的宗教批判.杨丽,等译.北京:华夏出版社,2012:35.

是。① 那么施米特为何有此矛盾，肯定政治的同时却否定道德？从这个问题出发，施特劳斯进一步发现，在施米特那里，肯定政治本身只不过是肯定战斗本身，至于为何而战无关紧要。正是在这个意义上，施特劳斯认为，肯定政治本身的人像自由主义者一样宽容，肯定政治本身实际上是另一个极端的自由主义，施米特的反自由主义思想与自由主义的思想体系惊人的一致。② 施特劳斯这样说道："他（施米特）的反自由主义倾向依然受制于无法克服的自由主义思想体系。"③

所以，在施特劳斯看来，施米特的自由主义批判并不成功，施米特对自由主义的批判依然发生在自由主义的视界之内，并受制于自由主义的思想体系。④ 鉴于此，施特劳斯提出，只有成功突破自由主义的视界，才算是完成了对自由主义的批判。同时，由于霍布斯完成了自由主义的奠基，因而只有在充分理解霍布斯的基础上，才有可能彻底批判自由主义。⑤

第二节 通过霍布斯批判现代自由主义

可以发现，施特劳斯对霍布斯保持了终生的关注和思考。20 世纪 30 年代初，施特劳斯撰写了一些有关霍布斯政治哲学的文章，如《霍布斯的政治学（自然权利导论）》(1931)、《一部计划写的关于霍布斯的书的前言》(1931)、《评〈政治的概念〉》(1932)以及《关于霍布斯政治学的几点评注》(1933)。⑥ 20 世

---

① 施特劳斯.评《政治的概念》[M]//施特劳斯.霍布斯的宗教批判.杨丽，等译.北京：华夏出版社，2012：45.
② 施特劳斯.评《政治的概念》[M]//施特劳斯.霍布斯的宗教批判.杨丽，等译.北京：华夏出版社，2012：45-46.
③④⑤ 施特劳斯.评《政治的概念》[M]//施特劳斯.霍布斯的宗教批判.杨丽，等译.北京：华夏出版社，2012：48.
⑥ 这些文章，除《评〈政治的概念〉》(1932)之外，均收录于英译本《霍布斯的宗教批判》之中。《霍布斯的宗教批判》于 1933—1934 年之间用德语写成，但当时并没有出版。首版于迈尔（Heinrich Meier）等主编的德文版施特劳斯全集中。英译本详见：STRAUSS L. Hobbes's Critique of Religion [M]. BARTLETT G, MINKOV S, trans. & ed. Chicago: The University of Chicago Press，2011. 中译本另外收录了《评〈政治的概念〉》(1932)。

纪30年代中期,施特劳斯完成了《霍布斯的政治哲学》(1936)这部著作,对霍布斯的政治哲学进行了系统的分析和研究。① 进入20世纪50年代之后,施特劳斯写了《论霍布斯政治哲学的精神》(1950)、《论霍布斯政治哲学的基础》(1954)等文章。② 最后,敏兹(Samuel I. Mintz)的著作《追踪利维坦》(1962)、麦克弗森(C. B. Macpherson)的著作《占有式个人主义政治理论:霍布斯到洛克》(1965)出版之后,施特劳斯分别对这两本著作进行了评论。③

那么,施特劳斯如何理解霍布斯?面对霍布斯的政治哲学,施特劳斯首先关心的是霍布斯政治哲学的基础。施特劳斯试图弄清楚,霍布斯是从何种观念出发推演出了全部的道德和法律原则。在一开始,施特劳斯发现,霍布斯政治哲学的基础是霍布斯的人生观。④ 在古典传统和神学传统已经动摇、近代科学传统尚未形成和建立的时刻,霍布斯基于对人性和人类生活的观察,提出了关于人生和社会秩序问题的全新见解。但是,施特劳斯后来发现,霍布斯政治哲学的基础乃是霍布斯的整全观——霍布斯关于人、自然、神的全部观念。⑤ 首先,霍布斯的政治哲学以霍布斯

---

① STRAUSS L. The Political Philosophy of Hobbes: Its Basis and Its Genesis[M]. Chicago: The University of Chicago Press, 1963. 施特劳斯. 霍布斯的政治哲学[M]. 申彤,译. 南京:译林出版社,2012.
② STRAUSS L. On the Spirit of Hobbes's Political Philosophy[J]. Revue Internationale de Philosophie, 1950, 4(14): 405 - 431; STRAUSS L. On the Basis of Hobbes's Political Philosophy[M]//STRAUSS L. What is Political Philosophy and Other Studies. Chicago: The University of Chicago Press, 1988: 170 - 196. 另见施特劳斯在《自然权利与历史》(1953)中对霍布斯的解读:STRAUSS L. Natural Right and History[M]. Chicago: The University of Chicago Press, 1965: 166 - 202.
③ STRAUSS L. Review on *The Hunting of Leviathan: Seventeenth-Century Reactions to the Materialism and Moral Philosophy of Thomas Hobbes*[J]. Modern Philosophy, 1965, 62(3): 253-255; STRAUSS L. Review of C. B. Macpherson: *The Political Theory of Possessive Individualism: Hobbes to Locke* [M]//STRAUSS L. Studies in Platonic Political Philosophy. Chicago: The University of Chicago Press, 1983: 229 - 231. 施特劳斯. 评麦克弗森《占有式个人主义政治理论:霍布斯到洛克》[M]//施特劳斯. 柏拉图式政治哲学研究. 张缨,等译. 北京:华夏出版社,2012: 309 - 311. 施特劳斯关于霍布斯的作品,除了上述已出版的著作之外,还包括一篇关于霍布斯的演讲稿"Hobbes's Leviathan"(April 27, 1962),现藏于芝加哥大学图书馆特藏研究中心(*Special Collections Research Center*)。
④ 施特劳斯. 霍布斯的政治哲学[M]. 申彤,译. 南京:译林出版社,2012: 4.
⑤ 施特劳斯. 论霍布斯政治哲学的基础[M]//施特劳斯. 什么是政治哲学. 李世祥,等译. 北京:华夏出版社,2011: 169 - 183.

的宗教批判为前提。对于霍布斯而言,只有撼动《圣经》的权威,扫除正义来自神的可能,才有可能将全部的正义建立在自然权利之上。① 其次,霍布斯的政治哲学并不独立于或先于霍布斯的自然科学。② 霍布斯的政治哲学离不开霍布斯关于人的观点。为了为其关于人的观点进行辩护,霍布斯需要借助于其整全观。显然,霍布斯的整全观离不开霍布斯的自然哲学。

在霍布斯那里,若无共同权力,便是人人都相互为敌的战争状态——人人相争、人人都处于他人的死亡威胁之中。在这样的自然状态中,人的理性推出,应该尽全力保护自己的身体和生命免遭死亡。的确,施特劳斯看到,对于霍布斯而言,对于暴死的恐惧是一切情感中最为强烈的情感,与之相应的欲求即自我保存的欲求,是一切欲求中最为根本的欲求,是一切正义和道德的唯一根源。也就是说,在霍布斯那里,基本的道德事实是人自我保存的自然权利,而不是这样那样的义务。从这个意义出发,施特劳斯认为霍布斯是近代政治哲学的创始人,霍布斯试图论证国家奠基于权利之上,而法只是派生的结果。③ 施特劳斯提出,如果说自由主义是一种把个体的权利视为基本事实、把对权利的保卫视为国家职能所在的政治学说,那就必须说自由主义的创立者乃是霍布斯。④

在施特劳斯看来,霍布斯从自我保全的自然权利出发推演出道德法则,极大地修正了传统的道德法则。⑤ 首先,霍布斯简化了传统的道德法则。在亚里士多德的道德和伦理思想中,存在着两种总的德性,即恢宏气

---

① 施特劳斯.论霍布斯政治哲学的基础[M]//施特劳斯.什么是政治哲学.李世祥,等译.北京:华夏出版社,2011:182-183;施特劳斯.霍布斯的宗教批判[M].杨丽,等译.北京:华夏出版社,2012:86,137.
② 施特劳斯.论霍布斯政治哲学的基础[M]//施特劳斯.什么是政治哲学.李世祥,等译.北京:华夏出版社,2011:172;施特劳斯.自然权利与历史[M].彭刚,译.上海:生活·读书·新知三联书店,2006:173-180.
③ 施特劳斯.霍布斯的政治哲学[M].申彤,译.南京:译林出版社,2012:190.
④ 施特劳斯.自然权利与历史[M].彭刚,译.上海:生活·读书·新知三联书店,2006:185.
⑤ 施特劳斯.自然权利与历史[M].彭刚,译.上海:生活·读书·新知三联书店,2006:190.

度和正义。但是,在霍布斯这里,由于道德法则从自我保存的自然权利中推演而来,而自我保存要求和平,因而道德法则就变成了有利于和平的社会德性。那些与获取和平没有直接关系的德性,如勇气、节制、恢宏气度、智慧等,都不再是严格意义上的德性。① 此外,霍布斯赋予了正义以新的含义。在霍布斯这里,由于无条件的道德事实是每个人拥有自我保存的自然权利,而非这样那样的义务,因而每个人的义务实际上都源于契约,正义等于履行契约的习惯。对于霍布斯而言,"一切实质性的正义原则,交换正义和分配正义规则,或十诫中的规则",都不再具有"内在的有效性(intrinsic validity)"。② 在施特劳斯看来,霍布斯对道德法则的第一种简化,使得霍布斯成为政治享乐主义的始作俑者。在霍布斯这里,由于德性等于有利于和平,因而恶就变成了与和平不能相容的激情,变成了冒犯他人。恶是骄傲和虚荣,不再是传统意义上灵魂的放荡或软弱。③ 霍布斯把有利于自我约束的严肃德性,减弱为了有利于和平的社会德性或"自由主义德性"(the liberal virtues)。④ 在霍布斯意义上,德性是仁慈、善良、大度等,不再是自我节制。⑤ 甚至可以夸张地说,只要不引起与他人之间的冲突,放荡、堕落都是可取的。德性不再等于促进人的卓越和灵魂的完美,而转变为等于促进和平。对于霍布斯而言,一个酗酒的人也可以具有德性,如果烂醉如泥的时候能够友好待人不惹争端。但在古代,无法自制的酒徒绝不可能被认为富有德性。在施特劳斯看来,用有利于和平的"仁慈、善良"等德性,来取代传统意义上有利于灵魂完美的节制等德性,是霍

---

① 施特劳斯. 自然权利与历史[M]. 彭刚,译. 上海:生活·读书·新知三联书店,2006:191. 参见施特劳斯. 霍布斯的政治哲学[M]. 申彤,译. 南京:译林出版社,2012:65-69.
② 施特劳斯. 自然权利与历史[M]. 彭刚,译. 上海:生活·读书·新知三联书店,2006:191.
③ 施特劳斯. 自然权利与历史[M]. 彭刚,译. 上海:生活·读书·新知三联书店,2006:192. 根据霍布斯,骄傲、虚荣自负是造成人与人之间冲突的根源,国家的存在就是为了制服人的骄傲和虚荣自负。参见霍布斯. 利维坦[M]. 黎思复,黎廷弼,译,北京:商务印书馆,1986:94.
④ STRAUSS L. Natural Right and History[M]. Chicago:The University of Chicago Press, 1965:188.
⑤ 施特劳斯. 自然权利与历史[M]. 彭刚,译. 上海:生活·读书·新知三联书店,2006:192.

布斯的政治享乐主义的确切含义所在。① 值得注意的是,施特劳斯后来认为,霍布斯不仅只是赋予旧的德性概念以新的含义,而是完全抛弃了对德性的考量。对于霍布斯而言,德性变成了有利于和平的习惯,而不是其他。施特劳斯这样说道:"为了自我保存,需要和平,而为了和平,不得不养成有利于和平的习惯。根据霍布斯,德性,严格地理解,什么都不是,只是有利于和平的习惯。"②正是在这个意义上,施特劳斯认为,就如柏克(Edmund Burke)所说的那样,自由主义者所崇尚的自由在没有智慧与德性相伴的情况下,极有可能变成"一切可能的罪恶中最大的罪恶",霍布斯所奠基的现代自由主义造成了严肃德性的丧失,后面造成了相对主义、虚无主义,最终导致了西方的现代性危机。③

第三节 通过古代自由主义批判现代自由主义

如果说通过施特劳斯对霍布斯的政治哲学,特别是对其政治享乐主义的解读,还不能很清楚地看到施特劳斯对现代自由之背离德性的批评,那么通过施特劳斯对古代自由主义的阐述,便能够更为清楚地看到这一点。

施特劳斯有本文集《古今自由主义》(*Liberalism Ancient and Modern*),是施特劳斯的三本自编文集之一。这本文集总共包含十篇小

---

① 施特劳斯. 自然权利与历史[M]. 彭刚,译. 上海:生活·读书·新知三联书店,2006:192. 参见施特劳斯. 自然权利与历史[M]. 彭刚,译. 上海:生活·读书·新知三联书店,2006:172-173. 关于政治享乐主义,参见 VAUGHAN F. The Tradition of Political Hedonism: From Hobbes to J. S. Mill[M]. New York: Fordham University Press, 1982.
② 施特劳斯. 从德性到自由:孟德斯鸠《论法的精神》讲梳[M]. 潘戈,编,黄涛,译. 上海:华东师范大学出版社,2017:524-525.
③ 柏克. 法国革命论[M]. 何兆武,等译. 北京:商务印书馆,1998:315;施特劳斯. 相对主义[M]//施特劳斯. 古典政治理性主义的重生. 郭振华,等译. 北京:华夏出版社,2011:55-71;施特劳斯. 什么是政治哲学[M]//施特劳斯. 什么是政治哲学. 李世祥,等译. 北京:华夏出版社,2011:7-19.

文,其中,前两篇讲的是自由教育。为了阐述自由和自由主义,施特劳斯先从包含了自由一词的自由教育开始说起。在第一篇文章《何谓自由教育》中,施特劳斯提出,自由教育是一种文化上或以文化教养为目的的教育,它的成品是一个有文化修养的人。① 施特劳斯多次强调,自由教育旨在树人,旨在让人成为真正的绅士和出类拔萃的人。② 那么,这样的教育如何得以可能?卓越的人如何能够培养出来?对于这个问题,施特劳斯说道,途径在于"研习伟大的经典著作""聆听最伟大的心灵之间的对话"。③ 施特劳斯非常坚定地表明,除此之外,别无他法。研究经典之作需要人静下心来,诚恳地聆听先贤的谆谆教诲,因而施特劳斯进一步指出,自由教育也是对谦逊和勇气的训练。一方面,它要求人"谦逊地聆听先贤",另一方面,它要求人"同喧嚣、浮躁、轻率、低劣的浮华世界彻底决裂"。④

但是,为何需要这样一种教育?施特劳斯从西方现代民主制的问题开始说起。按照现代人的理想,民主制应该是扩大了的贵族制,因为只有进行统治的大众都是富有德性和智慧的人,民主制才能得以存活。但是,施特劳斯指出,真实的民主制却并非这样一种统治。为了社会的平稳运作,它只希望公民对公共事务保持淡漠,别管太多。它成了一种大众文化,一种无须任何智力和道德努力就可以形成的文化。⑤ 在施特劳斯看来,由于自由教育旨在培育美德和文化,培养富有文化修养的绅士,因而它是"大众文化的解毒剂",可以解除大众文化的流毒,纠正大众文化"什么都不生产,只生产没有灵魂的专家、没有灵魂的骄奢淫逸之人"的倾

---

① 施特劳斯.何谓自由教育[M]//施特劳斯.古今自由主义.马志娟,译.南京:江苏人民出版社,2012:1.
② 施特劳斯.何谓自由教育[M]//施特劳斯.古今自由主义.马志娟,译.南京:江苏人民出版社,2012:5.译文略有改动。
③ 施特劳斯.何谓自由教育[M]//施特劳斯.古今自由主义.马志娟,译.南京:江苏人民出版社,2012:1,6.
④ 施特劳斯.何谓自由教育[M]//施特劳斯.古今自由主义.马志娟,译.南京:江苏人民出版社,2012:7.
⑤ 施特劳斯.何谓自由教育[M]//施特劳斯.古今自由主义.马志娟,译.南京:江苏人民出版社,2012:3.

向。① 因此,简单地说,自由教育有助于挽救堕落的现代民主制,让它回归原本应该具有的样子。施特劳斯说道:"自由教育是从大众民主向原初意义上的民主攀登的梯子,是在民主的大众社会里创建贵族政制必然要付出的努力,自由教育召唤着大众民主社会中那些仍然用心聆听人类伟大思想的成员。"②

在施特劳斯看来,为了真正理解自由教育,必须看自由一词的原初含义,因为自由教育的理念正是从对自由的这种理解发展而来。在文集所收录的第二篇文章《自由教育与责任》中,施特劳斯表示,自由从一开始就是一个带有政治含义的词,虽然其含义与现在的政治含义截然相反。③ 那么,自由到底指什么? 施特劳斯从自由人开始说起。施特劳斯指出,在原初意义上,自由人是"区别于奴隶、行动自由的人"④。在这个基础之上,自由人拥有闲暇,不必为了生计劳作而奔波。换句话说,那些虽然具有人身自由却需要为了生存而辛苦劳作的人,不算是真正的自由人。因此,自由人就是那些拥有一定财富但却无须花太多时间获取和管理财富的绅士。由于有钱有闲,这些人有足够的时间实现自我,关心灵魂和城邦的良好秩序,关心"那些因其本身而值得被严肃对待的事物"⑤。可以发现,施特劳斯虽然没有直接道明自由的含义,但在阐述何谓自由人的过程中说明了自由的两个要素。首先,具有人身自由,不像奴隶那样在他人的管制之下而活。其次,追求自我实现,不像那些虽是自由身但却没有时间完善自我的人那样,不关心灵魂和城邦的良好秩序。

儿童通过教育得以成人,通过自由教育成为自由人或者说绅士。那么,通过怎样的自由教育? 也就是,绅士该怎么培养? 施特劳斯指出,要把年轻人教育成绅士,首先要培养他们的性格和品位。所以,要让他们学

---

① 施特劳斯. 何谓自由教育[M]//施特劳斯. 古今自由主义. 马志娟,译. 南京:江苏人民出版社,2012:4.译文略有改动。
② 施特劳斯. 何谓自由教育[M]//施特劳斯. 古今自由主义. 马志娟,译. 南京:江苏人民出版社,2012:4.
③④⑤ 施特劳斯. 自由教育与责任[M]//施特劳斯. 古今自由主义. 马志娟,译. 南京:江苏人民出版社,2012:10.

习诗歌。^① 当然,培养性格和品位还不够,也得培养他们的技艺。所以,要让他们学习阅读、写作、计算、推理、摔跤、掷矛、马术等技艺。除此之外,还要让他们掌握"把家庭和城邦治理得井井有条的能力"^②。反过来,对于年轻人而言,要"阅读历史著作、游记以及诗人的作品",陶冶性情和情操,也要跟"长者或阅历较为丰富的绅士"交流,学习所需的技艺。^③ 所以,正如前面所言,自由教育是一种文化上或以文化教养为目的的教育,旨在培养有文化修养的人,旨在培养真正的绅士、真正卓越优秀的人。作为自由教育的产物,自由人关心最重要的事,关心灵魂和城邦的良好秩序,关心因其本身而值得被严肃对待的事。

文集所收录的第三篇文章是一篇评文,评论的是古典学家哈夫洛克(Eric A. Havelock)的著作《古希腊政治中的自由气息》(*The Liberal Temper in Greek Politics*)。在这篇评文中,施特劳斯表示,哈夫洛克的理解,即古希腊时期的自由主义者像现代的自由主义者那样,通过不懈的努力斗争来反对传统与权威,是有问题的。在施特劳斯看来,哈夫洛克从来没有思考过自由主义者与他们的希腊先祖可能存在根本性的差异。^④ 为了说明哈夫洛克并不理解古代的自由主义,施特劳斯强调了自由或自由主义的原初含义。施特劳斯指出,最初,自由与慷慨紧密相关,自由主义者是实践慷慨美德的自由人——毫不吝啬地捐出自己的财富以不让自己成为财富的奴隶。^⑤ 但是,真正的自由人不仅只是追求不受制于财富,更重要的是,追求不受制于内心的欲望,不让自己成为欲望的奴

---

① 施特劳斯.自由教育与责任[M]//施特劳斯.古今自由主义.马志娟,译.南京:江苏人民出版社,2012:10.
② 施特劳斯.自由教育与责任[M]//施特劳斯.古今自由主义.马志娟,译.南京:江苏人民出版社,2012:11.译文略有改动。
③ 施特劳斯.自由教育与责任[M]//施特劳斯.古今自由主义.马志娟,译.南京:江苏人民出版社,2012:10.
④ 施特劳斯.古典政治哲学的自由主义[M]//施特劳斯.古今自由主义.马志娟,译.南京:江苏人民出版社,2012:34,32. 参阅 HAVELOCK E A. The Liberal Temper in Greek Politics[M]. New Haven: Yale University Press, 1957; BRUNT P A. Review: Greek Politics[J]. The Classical Review, 1959, 9(2): 149-153.
⑤ 施特劳斯.古典政治哲学的自由主义[M]//施特劳斯.古今自由主义.马志娟,译.南京:江苏人民出版社,2012:30.

隶。他们关心灵魂的善,认为灵魂的善比肉体的善更为重要。他们关心德性,或者说富有德性,知道做什么是对的,做什么是不对的,具有强烈的道德和政治信仰。① 由于具有强烈的道德和政治信仰,因而他们并不是过分宽容的人,并不认为所有的政治和道德信仰都是可以协商的。② 他们并不像现代自由主义那样认为,"安全、快乐地活着,受保护、却不受约束,乃是人类唯一、最高的目标",相反,他们认为,"自由代表着'追求品质、卓越和德性'"③。

这本文集虽然名为《古今自由主义》,但论述现代自由主义的篇幅实在少得可怜。按照某种标准,施特劳斯具有较大的文不对题嫌疑。但是,如果考虑双重写作这回事,就会意料到施特劳斯时刻都在批评现代自由主义与德性的背离。在这本文集的前言中,施特劳斯明确指出:"真正的自由主义者应该是一个真正富有德性的人。但根据现在流行的用法,自由主义意味着不保守。因此,我们不再认为自由等同于追求德性,甚至不再认为自由与德性有何联系。"④施特劳斯后面虽未专门阐述这一点,未专门著文直接批判现代自由主义背离德性,但在阐述古代自由主义的过程中,却时不时对现代自由主义进行批判。施特劳斯不断地讲述古代自由主义追求德性,以此不断地影射现代自由主义与德性的背离。施特劳斯不断地提醒,古代自由主义与对德性的关心和追求密切相关,但现代自由主义却发生了与德性的背离,不再将自由与德性联系起来,甚至不再认为自由在于追求品质、卓越和德性以及具有强烈的道德和政治信仰。

---

① 施特劳斯. 古典政治哲学的自由主义[M]//施特劳斯. 古今自由主义. 马志娟,译. 南京:江苏人民出版社,2012:29-30. 参见本书前言第3-4页:自由不再等同于富有德性……前现代的政治哲学,特别是古典政治哲学,……是被这样的意识所引导,那就是,人天然地寻求善,而非远古或传统的东西。
② 施特劳斯. 古典政治哲学的自由主义[M]//施特劳斯. 古今自由主义. 马志娟,译. 南京:江苏人民出版社,2012:29. 参见施特劳斯的另一篇文章《相对主义》:STRAUSS L. Relativism[C]//SCHOECK H, WIGGINS J W, eds. Relativism and the Study of Man. Princeton: D. Van Nostrand Company, 1961:135-157.
③ 施特劳斯. 古典政治哲学的自由主义[M]//施特劳斯. 古今自由主义. 马志娟,译. 南京:江苏人民出版社,2012:72. 译文略有改动。
④ 施特劳斯. 古今自由主义[M]. 马志娟,译. 南京:江苏人民出版社,2012:前言,4. 译文略有改动。

施特劳斯的诠释学创新

施特劳斯批判现代自由主义什么？施特劳斯又是带着怎样一种态度来批判现代自由主义的？可以发现，施特劳斯对现代自由主义的批判，主要聚焦于现代自由主义不再以德性为优先的特点。不管是通过抓住现代自由主义的奠基者霍布斯来批判现代自由主义，还是突破现代自由主义的视角，通过古代自由主义来批判现代自由主义，施特劳斯都批判现代自由主义放弃了对德性的追求。从自身的思路出发，施特劳斯首先在充分理解霍布斯的基础上来批判现代自由主义。从霍布斯对传统道德法则的修正这个角度出发，施特劳斯批判现代自由主义放弃了对有利于灵魂完美的德性的考量。施特劳斯也成功突破现代自由主义的视角，从古代自由主义的角度来思考现代自由主义。施特劳斯站在古典哲人的立场上，通过将自由理解成灵魂的自由——灵魂无阻碍地献身于思考、追求知识、追求德性，对现代自由主义提出了批判。施特劳斯提出，原初意义上的自由等同于追求德性，但现代自由主义放弃了对德性的追求，不再以灵魂的卓越和伟大为目标。不过，如果德性是无关紧要的，那现代自由主义背离德性也无所谓。因此，当我们看施特劳斯对现代自由主义的批判之时，应切记施特劳斯的基本立场，那就是自由若无智慧与德性相伴就很有可能变成一种放纵，甚至是一切可能的恶中最大的恶。从这个意义上而言，施特劳斯对现代自由主义的批判，本质上是对德性的回归。

不得不说，在批判现代自由主义的过程中，施特劳斯的写作注意了一种被遗忘的写作艺术。首先，最为直观的是，在解读霍布斯的过程中，施特劳斯只是在谈到霍布斯对传统道德原则的简化，以及对政治享乐主义的奠基的地方，直接点明了现代自由主义奠基者霍布斯对德性的背离。在其他文章中，虽然也谈到了霍布斯与现代性问题的关系，但都没有展开这一点。另外，在点明这一点后，施特劳斯也没有大张旗鼓地进行论述，而是点到为止。其次，正如前面所提，在论"古今"自由主义的文集中，施特劳斯也只是在前言以及所收录文章的某些地方，提到了现代自由主义对德性问题的淡漠。施特劳斯没有花专门的篇幅来讨论现代自由主义（虽然收录了《斯宾诺莎的宗教批判》的前言等文章），更没有对现代自由主义提出专门的、具有针对性的批评，而是一直都在说古代自由主义。施

第七章　施特劳斯对现代自由主义的节制批判

特劳斯通过论述古代自由主义对德性的追求,来影射现代自由主义对德性的背离。施特劳斯对古代自由主义之追求德性的叙述,无不让人回想起施特劳斯在前言中对现代自由主义的批评。施特劳斯越是强调古代自由主义对德性的关心和追求,就越是让人想到现代自由主义对美德的漠视和背离。施特劳斯表示他喜欢色诺芬和简·奥斯丁的文风。可以说,施特劳斯的文风也如这两者的一般克制。一般不说不好的东西,即使要说,也是少说。与其说不好的东西,不如多说说其他好的东西。

在梅尔泽看来,常见的隐微写作技巧包括模糊表达、制造矛盾、打乱分散、省略、重复、离题等。① 粗看之下,施特劳斯的上述写法不符合其中任何一种。但是,仔细看来,施特劳斯的手法结合了省略与离题两种策略。时过境迁,施特劳斯完全无须像批判宗教的中世纪犹太哲人那样,把自己对现代自由主义的批评包裹得严严实实,不让一般人看出来。但施特劳斯对现代自由主义的批判从语言上看是节制的,正如前面所提。施特劳斯并没有专门著文具有针对性地批评现代自由主义,也没有收录一篇专门批判现代自由主义的文章。可以说,在论古今自由主义的文集中,施特劳斯极为潇洒地省略了专门论现代自由主义的篇幅。按照一般的写作标准,这可以说是严重的文不对题。但能否说施特劳斯离题了?不能立马说"是"。至少,施特劳斯的确提到了现代自由主义所具有的问题。在行文过程中,施特劳斯对其中一半的题是有所回应的。施特劳斯点题了,并没有文不对题。换句话说,施特劳斯表现出离题,但又没有离题。在施特劳斯看来,古典政治哲人的自由主义体现在他们独特的写作艺术之中。② 从这个意义上而言,施特劳斯通过这种特殊的写作方式,实践了古典意义上的自由主义。

---

① MELZER A M. Philosophy Between the Lines: the Lost History of Esoteric Writing [M]. Chicago: The University of Chicago Press, 2014: 214-322.
② 施特劳斯. 古今自由主义[M]. 马志娟,译. 南京:江苏人民出版社,2012:前言,4;73-236.

结　语
回归作为创新：施特劳斯的诠释学回归

施特劳斯对双重教诲传统的研究并不是如霍姆斯所言源于对隐微和迫害的迷恋,源于他那一代犹太人所经历的悲剧。相反,施特劳斯整个的研究源于对哲学处境问题的根本思考。简单地说,施特劳斯研究双重教诲传统是其学术发展的结果,是研究中世纪犹太哲学和中世纪阿拉伯哲学的直接结果。正是通过对中世纪犹太哲学和中世纪阿拉伯哲学的研究(主要是迈蒙尼德和法拉比),施特劳斯得以发现,西方哲学史上存在一种特殊的双重教诲传统,哲人区分了面向没有哲学素养的普通大众的显白教诲和面向哲人的隐微教诲。而哲人之所以用不同的方式传达教诲,在于前现代哲人认为知识与意见、哲人与非哲人之间,存在难以填补的沟壑,哲学之事的书写要慎之又慎。正是在这个意义上,施特劳斯非常明确地提出,双重教诲现象的出现与任何一种神秘论都无关,它只是出于哲人的审慎。从这个意义上而言,施特劳斯并不是如德鲁里所言是一位异想天开或者说有着不安思想的思想家,也不是一位神神道道且制造了某种神秘论的思想家,施特劳斯只是揭示出了以往哲人的一种世界观及其实践运用。正如梅尔泽所言,由于很大程度上现代人以平等、公开、透明、真诚等为标准,所以对施特劳斯关于双重教诲传统的论述感到反感和厌恶,但这种反感和厌恶并无必要,完全可以讨厌有违平等、真诚、清晰等价值的写作方式,但同时敞开胸怀接受有关双重教诲传统的讨论。总的说来,施特劳斯基于文献资料重提了西方哲学史上一种历史悠久的写作传统,并对这种传统加以哲学视角的解释。施特劳斯不是从具体的历史或时代背景出发,来解释哲人为何通过特殊的写作艺术传达哲学教诲,而是基于柏拉图哲学中的真理与意见的本质冲突来进行解释。施特劳斯的解释更多地是流露出对哲学的本质性思考,而非对某种故作神秘做法的宣扬。施特劳斯强调了哲学的本质特征,那就是,哲学追求真知,在追求真知的过程中会对各种各样的意见构成挑战。正是基于对哲学的本质性思考，施特劳斯强调哲人审慎写作的必要性和重要性。在这里，如果不理解施特劳斯向苏格拉底和柏拉图的回归，就无法理解施特劳斯对双重教诲传统的解释和再视。施特劳斯公开谈论双重教诲传统并无什么不妥。有人批评施特劳斯大肆讨论双重教诲传统有违隐微精神，揶揄施特劳斯怎可将这种事弄得人尽皆知。但正如前面所提，施特劳斯早已表明，隐微主义不同于神秘主义，也不同于诺斯替主义，区分双重教诲的做法并不是什么万万不能让人知道的秘传做法。狄德罗编写的百科全书中就有关于隐微主义的词条，莱辛、莱布尼茨等人也都曾公开讨论过这个话题。段义孚先生曾指出："日常所用的语言中充满了象征性和隐喻性，科学的目的则是要努力消除这种语焉不详的可能性。传统社会中，无论日常性还是仪式性的话语，都有着丰富性和多义性，但现代社会所追求的却是透明性和如实性。在科学出现之前，人类对世界做出回应有两种典型的方式，一是做出象征性的诠释，二是归因于鬼神。"①段先生的这段话或许可以解释为何施特劳斯只是重提一种前现代的写作传统，却遭到了较多的批评和质疑。简言之，主要还是随着现代科学的发展，前现代的写作方式被逐渐遗忘。然而，这也正好反过来说明了施特劳斯重现一种被遗忘的写作传统的价值所在。

当然，施特劳斯不仅揭示出了以往哲人的世界观及由此发展而出的一种特殊的写作方式，而且还提出了既然以前有这么一种传统，那现代人又该如何解读经典的问题。本书第三章和第四章对施特劳斯的诠释学思想进行了考察，并提出施特劳斯的诠释学思想主要包含两个原则，一是像作者理解自己一样理解作者，二是注意作者的写作艺术。第一个主张涉及施特劳斯对西方现代文明的反思。当大部分现代西方人享受科学带来的便利，认为人类真正大踏步前进了之际，施特劳斯对进步观念冷静地提出了质疑。在施特劳斯看来，别的不说，在善恶判断这个问题上，现代人就并不比古代人智慧。也正是基于这一点，施特劳斯提出，要多读经典好

---

① 段义孚.恋地情结[M].志丞,刘苏,译.北京：商务印书馆,2019：213.

书,要认真地聆听古人的教诲,要诚挚地向古人学习。因而,对于施特劳斯而言,首先,文本不是死的,文本有其原意,这个原意就是读者所要寻找的。施特劳斯不像海德格尔和伽达默尔那样,认为文本是历史的,读者对文本的诠释也是历史的,而是坚持文本具有客观意义,且文本的意义不是历史的。毕竟,如果说文本是历史的,对文本的解读也是历史的,那么古书对于现代人来说就没什么意义了,因为古书所写作的那个时代已经过去了。但事实正好相反,后人总能够从前人的书中受益,从经典中受益。其次,文本的意义与作者的意图是融为一体的。施特劳斯比施莱尔马赫和狄尔泰更为传统,不仅坚持文本具有客观意义,还坚持文本的意义与作者的意图融为一体,并因而主张通过文本把握作者原意。对于经典文本的诠释,无论中西都主要有两条进路,一条是"阐"释之路,重文本和作者之"意",还有一条是"诠"释之路,重文本和作者之"本"。① 在西方诠释学中,诠释原初意义上指诠释者向其他人说明被诠释者的意思。我们可以看到,直到施莱尔马赫和狄尔泰,诠释依然是与"理解和说明作者原意"紧密相连的。诠释不是别的,就是理解和说明作者原意。但是,到了海德格尔和伽达默尔这里,出于对历史的考量,诠释不再与"理解和说明作者原意"联系起来,这被认为是一种徒劳。因此,可以说,施特劳斯主张重返作者及文本,像作者理解自己一样理解作者,实际上是对西方现代诠释学的虚无主义倾向提出了反抗。施特劳斯扭转了现代诠释学的重"阐"倾向,在重"阐"的年代实现了向"诠"的回归。从这个意义上而言,施特劳斯的诠释学创新不是别的,而是回归,回归诠释学的本意,回到诠释学本身,回归原初的"诠",使诠释学重新成为原初意义上真正的"诠"释学。

值得注意的是,由于重新发现双重教诲传统,因而施特劳斯并不只是单纯地从形式上回归以文本和作者为宗旨的诠释学。自20世纪30年代初发现双重教诲传统之后,施特劳斯意识到,仅回归文本和作者是不够的,像作者理解自己一样理解作者还意味着注意作者的写作艺术。因为像作者理解自己一样理解作者不仅意味着如实地理解作者的著述内容,

---

① 张江."阐""诠"辨:阐释的公共性讨论之一[J].哲学研究,2017(12):23.

还意味着如实地理解作者的著述过程,与作者的写作方式产生共鸣——不仅关心作者写了什么,还要关心作者怎么写。施特劳斯主张通过区分作者表面上的教诲和真实的教诲,来把握作者的原意。施特劳斯坚持要关注哲学著作的文本本身和作者原意,是因为施特劳斯认为哲学著作探讨的是根本问题,是古人曾经面临、今人正在面临、未来的人可能仍会面临的问题。施特劳斯认为哲学可以穿越时间,可以流芳百世。"所有的哲学思想都关注同样的根本问题……人类知识千变万化,其中的框架永恒不变。"①在施特劳斯看来,由于哲人是在回答关于自然、世界和人的根本问题,并提出在他们看来可以垂诸永远的回答,因而在解读他们的著作的过程中,需要着眼于他们针对什么恒久问题给出了怎样的回答,而不是探究他们针对什么历史问题给出了怎样的回答。读者最好不要只问怎样的历史背景促使他们提出了怎样的说法,也不要只问他们的思想跟哪些历史事件相关,最重要的是关注文本本身,关注作者穿越时间的思想。从这个意义上而言,施特劳斯与斯金纳之间的分歧并不只是两种诠释学立场的分歧,而是哲学的诠释学与历史的诠释学之间的分歧。斯金纳站在历史的诠释学的立场上,提出了历史地最终虚无地看待历史上的哲学思想的解读模式;但施特劳斯站在哲学的诠释学立场上,提出了辩证地看待历史上的哲学思想的解读模式。历史主义是西方现代世界伟大的精神革命,但施特劳斯犀利地看出,历史主义误入歧途便是虚无主义。施特劳斯所做的一切,正是在西方的危急时刻从精神上抵抗虚无主义。

  简而言之,施特劳斯的第二条诠释原则以第一条诠释原则为前提,而第一条诠释原则又与施特劳斯对西方现代文明的批判紧密相关。施特劳斯并不认为西方现代文明真正地进步了。相反,施特劳斯认为西方现代人不如古代人,不管是在道德问题上,还是在理性问题上。在这两个主要问题上的狭隘最终导致了西方现代性危机。最后附上沿着施特劳斯的思路展开的对西方现代代表性理性概念和自由概念的考察,以便更好地理解施特劳斯对西方现代性的批判,从而更好地理解施特劳斯的诠释学回归。

---

① STRAUSS L. Natural Right and History[M]. Chicago: The University of Chicago Press, 1965: 23 - 24.

附 录

论霍布斯的正确理性概念①

在霍布斯的政治哲学中,正确理性(*recta ratio*/right reason)占据着举足轻重的位置。不管是在《法律要义》(*The Elements of Law: Natural and Politic*)、《论公民》(*On the Citizen*),还是在《利维坦》(*Leviathan*)中,霍布斯都不同程度地谈到了正确理性。② 关于霍布斯的正确理性概念,一种观点认为,霍布斯对这个概念的叙述前后不一,存在矛盾。比如,高蒂尔(David P. Gauthier)提出:"正确理性概念对霍布斯的道德和政治理论至关重要,但霍布斯对这个概念的叙述既不完整,也不

---

① 赵柯. 论霍布斯的正确理性概念[J]. 国外社会科学,2019(5):116-123.
② 《法律要义》(*Elements of Law*)完成于1640年,但并没有出版发行,只是以手抄稿的形式流传。1650年,出版商在未经霍布斯授权的情况下,将该书一分为二,前13章以《论人性》(*Human Nature*)出版,后16章(原手稿"论人性"部分的第14—19章,以及"论国家"部分——第20—29章)以《法律要义》(*Elements of Law*)出版。直到1889年,1650年版的《论人性》与《法律要义》才被重新合在一起。本文所有相关引文都出自 Sir William Molesworth 所编的霍布斯全集第四卷。需要补充说明的是,在霍布斯全集第四卷中,*Human Nature* 共13章,乃是原初《法律要义》的第1—13章;*De Corpore Politico* 分为两部分,第一部分共6章,第二部分共10章,分别是原初《法律要义》的第14—19章和第20—29章。详见 HOBBES T. Human Nature & De Corpore Politico [M]//SIR MOLESWORTH W, ed. The English Works of Thomas Hobbes of Malmesbury. Vol. 4. London: John Bohn, 1840:1-228. 另外两本著作采用如下版本:霍布斯. 论公民(剑桥政治思想史原著系列影印本)[M]. 北京:中国政法大学出版社,2003;霍布斯. 论公民[M]. 应星,冯克利,译. 贵阳:贵州人民出版社,2002;HOBBES T. Leviathan[M]. TUCK R, ed. Cambridge: Cambridge University Press, 1996;霍布斯. 利维坦[M]. 黎思复,黎廷弼,译. 北京:商务印书馆,2008.

施特劳斯的诠释学创新

一致。"①格林(Robert A. Greene)提出:"高蒂尔等学者的观点很中肯。霍布斯确实给那些认真对待其正确理性概念的读者造成了困惑……不管是他(霍布斯)关于正确理性的观点,还是他对这个概念的表达,都前后矛盾。"②卡夫卡(Gregory S. Kavka)认为:"霍布斯对正确理性这个关键概念的使用有一些模棱两可……对于正确理性到底是什么,霍布斯的含意前后不一致。"③

那么,霍布斯关于正确理性概念的叙述是否真的不完整、不一致?通过分别考察霍布斯在《法律要义》《论公民》《利维坦》中关于正确理性的关键论述,本文试图论证,从《法律要义》到《论公民》再到《利维坦》,霍布斯对正确理性的论述既是完整的,也是一致的。首先,霍布斯自始至终都认为,正确理性并不是自然而然的存在,也不是一种永不出错的官能,而是一种推理行为,或者说,是一种对语言序列的计算行为。合乎正确理性需要满足三个条件:从被经验证明毋庸置疑的原则出发进行推理,不被感官所骗,避免含糊的言辞。其次,在自然状态中,自然权利是自我保存的自由,因为权利是做合乎正确理性之事的自由;自然法是正确理性关于自我保存的指令,因为合乎正确理性是指不违背某种法。最后,私人理性不可作为确定不移的标准。公民必须把国家理性看作正确理性,把国家理性作为衡量行为的尺度。

一、《法律要义》中的正确理性

《法律要义》是霍布斯最早成系统的政治哲学著作。霍布斯第一次使

---

① GAUTHIER D P. The Logic of Leviathan: The Moral and Political Theory of Thomas Hobbes[M]. Oxford: The Clarendon Press, 2000: 12.
② GREENE R A. Thomas Hobbes and the Term "Right Reason": Participation to Calculation[J]. History of European Ideas, 2015, 41(8): 999-1000.
③ KAVKA G S. Right Reason and Natural Law in Hobbes's Ethics[J]. The Monist, Right Reason in Western Ethics, 1983, 66(1): 121.

用"正确理性"这个词,也是在这本著作中。① 在这本著作的一开始,霍布斯首先提出:"人性乃人之自然官能(natural faculties)与能力(power)之和,诸如滋养、运动、生殖、感觉、理性。"②其中,滋养、运动、生殖的能力属于身体官能,感觉、理性的能力属于心灵官能。在霍布斯看来,人的特点在于不仅能够用眼睛、耳朵、鼻子等器官直接感知外物,还能够用语言命名不同的感知,使之具有名或名称。当然,人的特点不仅在于命名,还在于可以用谓词将两个名词连接起来,形成断言。最后,人还可以将两个断言再连接起来,形成三段论(syllogism)。霍布斯提出,制造三段论便是推论(ratiocination)或推理(reasoning)。可见,在霍布斯看来,理性是一种心灵官能,借助理性,人能够以三段论的形式进行推论或推理。

以此为基础,霍布斯接着指出,人若根据被经验证明毋庸置疑的原则进行推理,不被感官所骗,避免含糊的语词,那结论就可以说是合乎"正确理性"(right reason)。③可以发现,在这里霍布斯没有使用"正确推论"或"正确推理"这样的术语,而是使用了"正确理性"这个术语。的确,霍布斯在后面的论述中表明,正确推论或正确推理与正确理性并不相当。霍布斯这样说道:"人也可以从其结论出发,通过好的推论(good ratiocination),得出有悖于任何明显事实的结论。此时,可以说其结论违背理性(against reason)。这样的结论乃是谬论(absurdity)。"④可见,在这里,霍布斯暗示,人从断言出发进行推理(或推论),总归是正确的推理(或推论),但至于从怎样的断言出发进行推理,结果就可能大不相同了。若从被经验证明毋庸置疑的原则出发,不被感官所骗,避免含糊的语词,那得出的就是合乎正确理性的结论。反之,若不是如此,那得出的就是谬论。这样一来,我们便可得出,在霍布斯看来,正确理性并不是一种永不出错的官能,合乎正确理性必须满足三个条件:从被经验证明毋庸置疑的原则出发,不被感官所骗,避免含糊的语词。

在《法律要义》的第三部分,霍布斯再次提到了正确理性这个术语。

---

① 有人认为《法律要义》中不曾出现 right reason 这个词。这显然不符合文本事实。
②③④ HOBBES T. Human Nature[M]//SIR MOLESWORTH W, ed. The English Works of Thomas Hobbes of Malmesbury. Vol, 4. London: John Bohn, 1840: 2.

在讨论法律的时候,霍布斯提到,在自然状态中,由于人人都是裁决者,因而必须要有个共同尺度(common measure),规定什么是正确、什么是善、什么是德性,以及一磅是多少、一夸脱是多少等,否则就会出现各说各有理的混乱局面。那么,这个共同尺度应该是什么？有些人认为,这个共同尺度应该是"正确理性"。对于这样的观点,霍布斯委婉地提出了异议。霍布斯说道:"如果可以在物性(rerum natura)中找到这种东西的话,那我就会同意这些人。但那些号召用正确理性来解决争议之人,通常指他们自己的理性。"①霍布斯进一步提出:"由于正确理性并不存在(not existent),因此某个人或某些人的理性必须取而代之……这个人或这些人就是那些拥有主权权力的人……民法(civil laws)是衡量所有人行为的尺度。"②

显然,在这里,霍布斯提出了这样的观点,私人的正确理性不能作为衡量所有人行为的尺度。私人的正确理性,实际上通常都是个体自己的理性,并不能作为衡量善恶对错的绝对标准。这个绝对标准,必须是国家的理性,或者说国家制定的法律。可以看到,在《论公民》这部论自然法和法律原理的著作中,霍布斯表达了同样的观点。在写给读者的前言中,霍布斯感慨:"个人……所拥抱的正义女神只是一片错误而空洞的云,于是产生了道德哲学家那些模棱两可的教义……如果有人驱散迷雾,用最圆满的理性证明,除了各国制订的法律之外,不存在有关正义和不义、善和恶的真正教诲;行动是否符合正义或善恶的问题,只应由国家委托其解释法律的人来处理,他就不仅指明了通往和平的王权之路,也揭示了通向骚乱的阴森黑暗之路。"③

显然,霍布斯关于正确理性的两处论述似乎存在着某种矛盾。在第一次提到正确理性的时候,霍布斯并不认为正确理性不存在。霍布斯甚至还提出了合乎正确理性的三个条件。但是,在第二次提及正确理性之际,霍布斯却极为明确地提出,正确理性并不存在。那么,这个矛盾的出

---

①② HOBBES T. Human Nature[M]//SIR MOLESWORTH W, ed. The English Works of Thomas Hobbes of Malmesbury. Vol. 4. London: John Bohn, 1840: 225.
③ 霍布斯. 论公民[M]. 应星,冯克利,译. 贵阳:贵州人民出版社,2002:9.

现,是否乃是由于霍布斯对正确理性这个术语极不自信,因而在著作接近尾声的时候,索性否定了这个术语?格林(Robert A. Greene)提出,早在第一次提到正确理性的时候,霍布斯就显现出了对正确理性的质疑。① 一方面,霍布斯认为正确理性存在,满足三个条件便可使结论合乎正确理性。但是,另一方面,霍布斯又认为正确理性不太可能存在,好的推论也可能造成谬论。格林进一步提出,在《法律要义》第29章第8节中,霍布斯对正确理性缺乏信心的事实彻底地暴露在了读者面前,霍布斯直接说正确理性并不存在。②

为了弄清霍布斯前后的不一致,必须回头看霍布斯在前后两处关于正确理性的论述。在第一处,霍布斯表明,理性是一种自然官能,借助这种官能,人能够进行推论或推理。但是,正确的推理并不一定保证结论合乎正确理性。如果出发点不符合经验事实,或受到了感官欺骗,或运用了含糊的语词,就有可能得出违背理性的谬论。所以,正确理性并不自然而然就存在,其存在依赖于三个外在条件和一个内在条件。在第二处,霍布斯表示,他不相信在物性中可以找到正确理性。言下之意,正确理性并不存在于自然本性之中,也就是说,正确理性并不自然而然就存在。可见,霍布斯关于正确理性的论述前后并不矛盾。不管是在第一处,还是在第二处,霍布斯都否认,正确理性存在于自然本性之中。换句话说,正确理性是存在的,但其存在需要条件。因此,类似于霍布斯关于理性的论述,即理性不像感觉和记忆那样与生俱来,也不像慎虑那样单纯从经验中得来,而是通过辛勤努力得来的,霍布斯实际上认为,正确理性也不是与生俱来,而是通过一定的努力才得以实现。③

可见,在《法律要义》中,霍布斯不仅第一次提出了正确理性的概念,并对此下了定义,还批驳了一种流行的正确理性概念。霍布斯表明,正确理性并不是自然而然就存在,也不是一种永不出错的官能。当然,霍布斯

---

① GREENE R A. Thomas Hobbes and the Term "Right Reason": Participation to Calculation[J]. History of European Ideas, 2015, 41(8): 1004.
② GREENE R A. Thomas Hobbes and the Term "Right Reason": Participation to Calculation[J]. History of European Ideas, 2015, 41(8): 1005.
③ 霍布斯. 利维坦[M]. 黎思复,黎廷弼,译. 北京:商务印书馆,2008:32.

阐释正确理性,并不仅仅是为了阐释正确理性,而是为了服务于其政治哲学。从对正确理性的全新理解出发,霍布斯提出,私人的正确理性并不能作为衡量其他人行为的尺度,更不能作为衡量所有人行为的共同尺度。共同尺度只能是主权者的理性,或者说民法(civil laws)。

二、《论公民》中的正确理性

在《论公民》中,霍布斯多次提到了正确理性这个术语。下面有针对性地选择霍布斯论及正确理性与自然权利的关系、正确理性与自然法的关系的段落,以及霍布斯在1647年版《论公民》中关于正确理性的注释,进一步论述霍布斯意义上的正确理性概念。

这本著作的第一章探讨的是自然状态。霍布斯提出,自然状态危机四伏,人人都面临着来自他人的各种危险。首先,就所有人都可能被他人所害而言,所有人都是平等的。其次,所有人都有可能伤害到他人,因为只要是个人,就容易过分自负和高估自己的力量,并与他人产生分歧和争执。由于这些危险都归咎于人性,因而在自然状态中,人们关心自己是天经地义的,不应受到谴责。在这样的基础上,霍布斯进一步提出,由于趋利避害是人的天性,死亡是最大的自然恶(natural evil),因而一个人尽全力去保护他的身体和生命免遭死亡,既不是荒诞不经的,也不应受指责,也不是与正确理性相悖。① 从这样的理解出发,霍布斯紧接着提出:"所有人都同意,不与正确理性相悖,就是按照正义和权利行事。因为权利这个词的确切含义,就是每个人所拥有的按照正确理性运用其自然官能的自由。"② 从这两个论断出发,霍布斯最终得出:"自然权利的首要基础就是,每个人尽可能地保护自己的生命和身体。"③

可以发现,在第7节中,霍布斯三次提到了正确理性。第一次是在这个论断中,即人尽全力保护自己的身体和生命免遭死亡不违背正确理性。

---

①②③ 霍布斯.论公民(剑桥政治思想史原著系列影印本)[M].北京:中国政法大学出版社,2003:27;霍布斯.论公民[M].应星,冯克利,译.贵阳:贵州人民出版社,2002:7.

霍布斯表明，在自然状态中，自我保存合乎正确理性。第二次和第三次是在谈到正确理性与权利的关系之际。霍布斯指出，权利是人依据正确理性运用自然官能的自由（权利是运用自然官能的自由，但要合乎正确理性）。从这个论断出发，霍布斯得出结论，合乎正确理性，便是人们依据权利行事。从霍布斯在这三处关于正确理性的论述中，我们可以看出两点：首先，霍布斯并不否认正确理性的存在，但否认正确理性天然地存在。当霍布斯说自我保存不违背正确理性时，他首先谈到了两个前提——趋利避害是天性、死亡是最大的自然恶。其次，霍布斯在这里提及正确理性，并不旨在阐释正确理性。霍布斯似乎把正确理性作为一种中介，从对权利的定义出发（定义涉及正确理性这个术语），得出了关于自然权利的结论。

在第9节中，霍布斯再次提到了正确理性这个术语。霍布斯表示，在"我"与他人产生瓜葛之际，"我"的生命安危深受他人对这个瓜葛的看法的影响。因此，"我"必须判断他人的看法是有助于还是有害于我的保存。霍布斯提出："这是正确理性的要求，也即自然权利的要求。"① 对此，格林（Robert A. Greene）提出，霍布斯此处的"正确理性"具有双重含义。首先，逻辑上正确。其次，被自然权利证明是正当的（justified by）。② 但是，从霍布斯的相关阐释中可以看出，此处的"正确理性"仅指符合逻辑推理（正确的推理）。由于"我"要保存生命，因此"我"就要判断对方是否会伤害我。由于对于对方而言，是否对对方采取行动取决于对对方是否会伤害他的判断，因而"我"要判断对方是否会伤害我，实际上就是要对对方关于这件事的看法作出判断。显然，对他人的看法进行判断不需要经自然权利证明是正当的。

在第一章中，霍布斯最后一次提到正确理性这个词，是在这一章接近尾声的时候。霍布斯指出："在和平的存在还有希望的时候，就寻求和平；

---

① 霍布斯.论公民（剑桥政治思想史原著系列影印本）[M].北京：中国政法大学出版社，2003：28.
② GREENE R A. Thomas Hobbes and the Term "Right Reason": Participation to Calculation[J]. History of European Ideas，2015，41(8)：1008.

在和平已经不可得的时候,就为战争寻求救助——这是正确理性的指令,也即自然法(law of Nature)。"①在这里,霍布斯提出了一个新说法:自然法是正确理性的指令。那么,该如何理解这一说法?在第二章第一节中,霍布斯对此进行了解释。霍布斯指出:"任何与正确理性不相违的行为是正确的……与正确理性相冲突的任何行为都是错误的……但我们说某种行为是错误的,是因为它与某个法相违。因此,法就是某种正确理性。"②如果说法是某种正确理性,那自然法就应该是自然状态中不违背正确理性的法。前面提到,自然状态中自我保存合乎正确理性。那么,自然法是否就是正确理性关于自我保存的指令?答案是肯定的。霍布斯这样说道:"因此,自然法(Natural law)就是正确理性的指令(the Dictate of right reason),规定了为了尽可能长久地保存生命和身体,什么是应该做的、什么是不应该做的。"③

《论公民》的手稿一开始并没有出版,直到1647年才正式出版。不过,在原初的手稿与1647年版的《论公民》之间,存在一些不同。在正式出版的著作中,霍布斯添加了一些注释,专门回答之前的读者提出的疑问。④ 这些注释的其中一个,便是关于正确理性的,它正好出现在上述段落后面。在这个论正确理性的注释中,霍布斯首先指出:"关于人在自然状态中的正确理性,许多人指的是某种永无过失的官能,而我指的是推理行为(act of reasoning),也就是一个人对自身行为可能给自身带来好处或对他人造成损失的合理推理(man's own true reasoning)。"⑤这句话表明,在这里霍布斯依然认为,他所谓的正确理性并不是一种永不出错的官

---

① 霍布斯.论公民(剑桥政治思想史原著系列影印本)[M].北京:中国政法大学出版社,2003:31.
②③ 霍布斯.论公民(剑桥政治思想史原著系列影印本)[M].北京:中国政法大学出版社,2003:33.
④ 参阅霍布斯.论公民(剑桥政治思想史原著系列影印本)[M].北京:中国政法大学出版社,2003:导论,1;霍布斯.论公民(剑桥政治思想史原著系列影印本)[M].北京:中国政法大学出版社,2003:15. 另参阅 GREENE R A. Thomas Hobbes and the Term "Right Reason": Participation to Calculation[J]. History of European Ideas, 2015, 41(8):1009.
⑤ 霍布斯.论公民(剑桥政治思想史原著系列影印本)[M].北京:中国政法大学出版社,2003:33,注释.

能,而是一种推理行为。那么,霍布斯是否也依然认为,正确理性有赖于被经验证明毋庸置疑的原则和不含糊的语词呢?答案是肯定的。霍布斯说道:"关于合理推理(true reasoning),我指这样的推理:从被正确表述的真实原则(true principles)得出结论。"①前面还提到,在《法律要义》中,霍布斯提出,私人的正确理性不能作为衡量所有人行为的共同尺度。共同尺度只能是主权者的理性,也就是民法(civil laws)。那么,在这个注释中,霍布斯也是否这样认为呢?答案也是肯定的。霍布斯提到,在国家(Commonwealth)中,公民作为个体必须把国家的理性看作是正确的。②

可以发现,在《论公民》中,霍布斯首先重复了《法律要义》中关于正确理性的观点。那就是,正确理性并不是一种永不出错的官能,而是一种推理行为。不过,合乎正确理性不仅需要正确的推理,还需要从被经验证明毋庸置疑的原则出发进行推理。其次,霍布斯不只是重复了《法律要义》中观点,还通过正确理性对自然权利、自然法进行了定义。霍布斯提出,由于权利是每个人依据正确理性运用其自然官能的自由,因而自然权利简单地说就是做合乎正确理性之事的自由,也就是自我保存的自由。由于合乎正确理性便是不违背某种法,因而自然法就是正确理性关于自我保存的指令。最后,在特地用注释来解释正确理性的过程中,霍布斯再次强调,在国家(Commonwealth)中,公民必须把国家的理性看作是正确的,必须按照国家的法律行事。

三、《利维坦》中的正确理性

在《利维坦》中,霍布斯亦多次提到了正确理性这个术语。

这本阐释国家原理的著作,第一部分探讨的是国家的质料——人。霍布斯从感觉(sense)开始说起。从感觉出发,霍布斯谈到了想象(imagination)。霍布斯认为,想象不过是"渐次衰退的感觉"(decaying

---

①② 霍布斯.论公民(剑桥政治思想史原著系列影印本)[M].北京:中国政法大学出版社,2003:33,注释.

sense),人和许多其他生物都有,在清醒时和入睡后都存在。① 霍布斯指出,不管是在清醒时,还是入睡后,人都有可能产生想象,也就是幻觉。那些胆小、迷信、平时又被听到的鬼故事搞糊涂了的人,就会自以为看到了鬼魂幽灵。在霍布斯看来,这就是产生迷信的原因所在。霍布斯说道:"以往崇拜林神、牧神、女妖等的异端邪教,绝大部分就是由于不知道怎样把梦境以及其他强烈的幻觉跟视觉和感觉区别开来而产生的。现在一般无知愚民对于神仙、鬼怪、妖魔以及女巫魔力的看法,也是这样产生的。"②

在霍布斯看来,有人灌输或不驳斥关于神仙鬼怪的故事,是为了保持符咒、十字架、圣水以及其他由装神弄鬼的人搞出来的名堂的可信度。他们故意用这些故事来操控、愚弄普通大众,让大众相信他们的那些名堂都是真的。但是,这些名堂果真是真的吗?霍布斯给出了否定的答案。霍布斯非常明确地指出,这些人搞的那些名堂都是故弄玄虚。既然有关神仙鬼怪的说法只是为了可以继续故弄玄虚搞名堂,因而在霍布斯看来,这些说法并不能相信。霍布斯说道:"聪明人的职责就在于对他们(说那些神仙鬼怪故事的人)所说的一切只相信到正确理性能判明其为可信的程度"。③ 这就是说,对于个人而言,要用正确理性去判断有关神仙鬼怪的说法可不可信,而不是盲目地相信并感到恐惧。在这里,霍布斯第一次提到正确理性这个术语。霍布斯表明,正确理性有助于明辨是非,破除迷信,去除对不可见事物的恐惧。不过,提到正确理性这个术语之后,霍布斯没有展开必要的解释。

为了理解霍布斯此处所谓的正确理性,或许要看霍布斯在此书中关于理性的阐释。谈完感觉和想象之后,霍布斯谈到了想象的序列(心理活动)。霍布斯紧接着提出,借助语言,想象序列变成了语言序列(概念和思

---

① HOBBES T. Leviathan[M]. TUCK R, ed. Cambridge:Cambridge University Press,1996:14;霍布斯.利维坦[M].黎思复,黎廷弼,译.北京:商务印书馆,2008:7.
② HOBBES T. Leviathan[M]. TUCK R, ed. Cambridge:Cambridge University Press,1996:18;霍布斯.利维坦[M].黎思复,黎廷弼,译.北京:商务印书馆,2008:10-11.
③ HOBBES T. Leviathan[M]. TUCK R, ed. Cambridge:Cambridge University Press,1996:19;霍布斯.利维坦[M].黎思复,黎廷弼,译.北京:商务印书馆,2008:11.

想)。在霍布斯看来,人类最高贵、最有益处的发明就是语言。正是借助语言,人可以用语言进行思维活动,把思维序列转化为语言序列。那么,人如何用语言进行思维活动呢？在霍布斯看来,首先是给许多东西加上一个名词,加上意义范围或大或小的名词之后,对名词进行计算。① 因此,霍布斯认为:"理性就是一种计算(reckoning),也就是将公认为标示或表明思想的普通名词所构成的序列相加减。"②在霍布斯看来,正如拉丁人把账簿中的项目称为名目(nomina),把对各个名目的计算称为推理(ratiocination),理性作为一种心灵官能,实际上是把心中构想的事物序列的计算变成名词序列的计算。提出这样的定义之后,霍布斯又补充说道:"运用理性,以及理性的目的,不是去找出一个或少数几个跟名词的原始定义和确定涵义相去很远的结论的总和与真理,而是从这些定义和确定涵义开始,由一个结论推到另一个结论。"③霍布斯打了个这样的比方:一家之长算账,不是把每张账单的数目相加减算个总数就可以了,而是要看看每张账单都是怎么回事。

　　定义了何谓理性之后,霍布斯定义了何谓正确理性。由于理性作为一种心灵官能,其意义是指计算,是指把普通名词所构成的序列相加减,因而霍布斯用算术、也就数字计算进行了打比方说明。霍布斯首先表明,正如在数字的加减计算中,即使是教授也常常会出错,因而在语言序列的加减计算中,最精明、最仔细、最老练的人也会误导自己,得出错误的结论。迈出第一步,说明个人的计算——不管是数字计算,还是语言序列的计算——有可能出错之后,霍布斯第二步表明,因而个人的计算不能作为确定不移的标准。在语言序列的加减计算中,没有哪个人或哪些人的计算可以说是绝对正确；在数字加减计算中,某种计算也不是许多人一致赞同就可以被认为是绝对正确。在这第二步中,霍布斯根据第一步得出上

---

① 霍布斯.利维坦[M].黎思复,黎廷弼,译.北京：商务印书馆,2008：21. 霍布斯在《利维坦》第四章中指出,所谓名词并不能总是像语法里面那样理解为一个词,有时由于曲折的表达方式而指许多词的结合,因为"行为上遵守祖国法律的人"便只是一个名词,相当于公正这一个词。
② 霍布斯.利维坦[M].黎思复,黎廷弼,译.北京：商务印书馆,2008：28.
③ HOBBES T. Leviathan[M]. TUCK R, ed. Cambridge：Cambridge University Press, 1996：33；霍布斯.利维坦[M].黎思复,黎廷弼,译.北京：商务印书馆,2008：29.

述结论之际,说明了这一点:理性本身总归是正确理性,正如算术是一种确定无疑、颠扑不破的技艺一样。① 因此,总的说来,霍布斯的第二步就是说明,虽然算术这个术语本身意指一种确定无疑的数字计算,理性这个术语本身意指一种全然正确的语言序列计算,但人在具体操作的过程中,其计算总是有可能出错,因而个人的计算不可以作为确定不移的标准。

在《法律要义》和《论公民》中,霍布斯认为,合乎正确理性是指从正确的定义出发,根据被经验证明毋庸置疑的原则进行推理,不被感官所骗,避免含糊的语词。那么,在《利维坦》中,霍布斯是否持有相同的观点呢?回头看霍布斯对理性的说明。在第二章"论想象"中,霍布斯曾经指出,人类较其他动物的优点,在于人想象事物时,往往会探询结果。在这里,重新明确这一点后,霍布斯指出,这一优越性的下一阶段,就是"人通过语词将自己所发现的结果变成被称为定理或准则的一般法则"②。但是,事物往往具有两面性。人能够发现法则的同时,也会制造谬论。霍布斯说道:"但这种特点却又由于另一种特点而变得逊色,那便是荒谬言词。这种特点任何其他动物都没有,只有人类才有。"③霍布斯指出,七种原因可造成荒谬的结论,不讲究方法、名词上的错误等,都会有此结果。正是在这个意义上,霍布斯认为,理性不像感觉和记忆那样是与生俱来的,也不像慎虑那样单纯是从经验中得来的,而是通过辛勤努力得来的。④

可见,关于理性,霍布斯的观点非常明确:理性不仅仅依赖于经验,还依赖于辛勤努力。其中,辛勤努力包含四个步骤。首先是恰当地用名词,其次是从名词开始,把一个名词和另一个名词连接起来组成断言,然后是形成三段论,直到最后获得有关名词的全部结论。这就可以看出,在霍布斯看来,理性的获得首先离不开经验,当然,更重要的是,离不开名词

---

① HOBBES T. Leviathan[M]. TUCK R, ed. Cambridge: Cambridge University Press, 1996: 32;霍布斯. 利维坦[M]. 黎思复,黎廷弼,译. 北京:商务印书馆,2008: 28.
②③ HOBBES T. Leviathan[M]. TUCK R, ed. Cambridge: Cambridge University Press, 1996: 34;霍布斯. 利维坦[M]. 黎思复,黎廷弼,译. 北京:商务印书馆,2008: 30.
④ HOBBES T. Leviathan[M]. TUCK R, ed. Cambridge: Cambridge University Press, 1996: 35;霍布斯. 利维坦[M]. 黎思复,黎廷弼,译. 北京:商务印书馆,2008: 32.

的正确定义和正确涵义。从这个意义上讲,《利维坦》中合乎理性的条件,就如同《法律要义》和《论公民》中合乎正确理性的条件:从被经验证明毋庸置疑的原则出发进行推理,不被感官所骗,避免含糊的语词。当然,在《利维坦》中,霍布斯着重强调的是第三个条件。如果说在霍布斯看来,合乎理性需要满足上面三个条件,那么,当霍布斯说"理性本身总归是正确理性"时,他实际上就是表明,正确理性即为满足这三个条件。当且仅当"合乎正确理性"意为满足上述三个条件之时,霍布斯才可以说满足这三个条件的理性总归是正确理性。这就说明,在《利维坦》中,霍布斯依然认为,合乎正确理性有赖于被经验证明毋庸置疑的原则,不被感官所骗,避免含糊的语词。

前面提到,关于正确理性,霍布斯第一步说明个人的计算有可能出错,第二步说明没有哪个人或哪些人的理性可以作为确定不移的标准。可以发现,霍布斯接下来说明,因为没有哪个人或哪些人的理性可以作为确定不移的标准,因而在计算中发生争论时,双方必须自愿把仲裁人或裁定人的理性当成正确理性。① 霍布斯指出,那些认为自己比其他人聪明、可以用他们的理性来进行裁定的人,就像打桥牌时王牌已经定了、还要用他们手里最长的那一副牌来当王牌的人一样惹人厌烦。可以看到,霍布斯在阐述法律问题时进一步说明了这个问题。霍布斯说道:"法律决不能违反理性……但问题在于谁的理性应该被接受为法律。"② 霍布斯指出,私人理性(private reason),以及经过长期研究、观察和经验得以完善的理性(artificial perfection of reason),都不能作为法律,构成法律的只能是国家的理性和命令。③ 可见,在《利维坦》中,霍布斯依然强调,公民必须把国家的理性看作正确理性,必须把国家的理性作为衡量行为的尺度,也就是按照国家的法律行事。

---

① HOBBES T. Leviathan[M]. TUCK R, ed. Cambridge:Cambridge University Press, 1996:32-33;霍布斯.利维坦[M].黎思复,黎廷弼,译.北京:商务印书馆,2008:28.
② HOBBES T. Leviathan[M]. TUCK R, ed. Cambridge:Cambridge University Press, 1996:187;霍布斯.利维坦[M].黎思复,黎廷弼,译.北京:商务印书馆,2008:209.
③ HOBBES T. Leviathan[M]. TUCK R, ed. Cambridge:Cambridge University Press, 1996:187;霍布斯.利维坦[M].黎思复,黎廷弼,译.北京:商务印书馆,2008:210.

可见,在《利维坦》中,霍布斯依然认为,正确理性并不是一种永不出错的官能,而是一种推理行为。合乎正确理性需要从毋庸置疑的原则出发,不被感官所骗,避免含糊的言辞。其次,公民必须把国家的理性看作正确理性,把国家的理性作为衡量行为的尺度。但是,我们也可以发现,霍布斯在语言措辞上有些许变化。首先,霍布斯在《利维坦》中认为理性总归是正确理性,因而大多数时候用理性代替了正确理性。其次,在前面两部著作中,霍布斯有时用推理(reasoning)一词来描述理性,但在《利维坦》中,却改用了计算(reckoning)。总的说来,在《利维坦》中,霍布斯虽然对理性的定义变得更为严苛,但对正确理性的定义却未发生本质性的改变。

结语

对于霍布斯的政治哲学而言,正确理性概念至关重要。高蒂尔(David P. Gauthier)、卡夫卡(Gregory S. Kavka)、格林(Robert A. Greene)等人认为霍布斯的正确理性概念既不完整,也不统一,从《法律要义》到《论公民》再到《利维坦》,霍布斯对正确理性的理解和定义有所变化,前后矛盾。但是,经过上述这番仔细的考察可以发现,霍布斯的正确理性概念并不如高蒂尔、卡夫卡、格林等人所认为的那样不完整、不一致。虽然霍布斯对正确理性的论述有所变化,但霍布斯对正确理性的理解和定义却是完整统一的。在《法律要义》中,霍布斯第一次提出了正确理性概念。根据霍布斯,正确理性并不是自然而然就存在,正确理性也不是一种永不出错的官能,而是一种推理行为。合乎正确理性需要满足三个条件:从被经验证明毋庸置疑的原则出发进行推理,不被感官所骗,避免含糊的言辞。在《论公民》中,霍布斯持有相同的观点。在《利维坦》中,霍布斯虽然不再使用推理,改用计算一词,且集中于对第三个条件的阐述,但对正确理性的理解却未发生本质性的改变。另外,霍布斯自始至终都表明,自然权利是自我保存的自由,因为权利是做合乎正确理性之事的自由,自然法是正确理性关于自我保存的指令,因为合乎正确理性是指不违背某种法。当然,在《利维坦》中,由于正确理性被等同于理性,因而霍布斯阐释自然权利、自然法之际,直接用理性代替了正确理性。最后,也是更为重要的是,霍布斯在三本著作中都强调,私人的正确理性不能作为衡量其他人行为的尺度,更不能作为衡量所有人行为的共同尺度。公民必须把国家理性看作正确理性,把国家理性作为衡量行为的尺度。

罗尔斯与哈特关于自由及其优先性的对话[①]

自20世纪50年代始,罗尔斯(John Rawls)便专注于社会正义问题。在随后20余年中,罗尔斯陆续发表了一系列关于正义的论文。后来,罗尔斯将这些论文集中在一起,并对其进行整理和完善,将正义理论发展成为一个更严密、更连贯的体系。这一"论文集"便是罗尔斯的代表作《正义论》(*A Theory of Justice*)。1971年,该书正式出版,很快就被誉为"二次大战后伦理学、政治哲学领域中最重要的理论著作"[②]。

在《正义论》中,自由及其优先性问题可以说占据了罗尔斯正义理论的中心位置。正是由于自由的优先性,用泰勒(Robert S. Taylor)的话说,公平"这个特殊的概念才不至于沦落为一个泛泛而谈的概念"[③]。罗尔斯有言:"公平的正义的力量看来来自这样两件事情,一是它要求所有的不平等都要根据最少受惠者的利益来证明其正当性,二是自由的优先性。"[④]《正义论》出版不久,自由优先性这个关键性问题受到了广泛的关注和评论。巴里(Brian Barry)、德马科和里士满(Joseph P. DeMarco, Samuel A. Richmond)、哈特(H. L. A. Hart)等都从各自的视角对这一

[①] 赵柯. 论罗尔斯与哈特关于自由及其优先性的对话[J]. 政治思想史,2014(4):158-173.(有改动)
[②] 罗尔斯. 正义论[M]. 何怀宏,等译. 北京:中国社会科学出版社,2009:译者前言,1.
[③] TAYLOR R S. Rawls's Defense of the Priority of Liberty:A Kantian Reconstruction [J]. Philosophy & Public Affairs, 2003, 31(3):246-271, 247.
[④] 罗尔斯. 正义论[M]. 何怀宏,等译. 北京:中国社会科学出版社,2009:196.

问题进行了评论。① 其中,哈特的评文《罗尔斯论自由及其优先性》被认为是"对罗尔斯第一正义原则的重要挑战"②。哈特认为罗尔斯对自由及其优先性的论述是"独断的或教条的"③,且对自由及其优先性的解释含有两个裂缝。罗尔斯接受了哈特的批评,并对最初的解释进行了修正和完善。这一改进见于《正义论》1975年的修订版。不过,在此修订版中,罗尔斯并没有对哈特的批评作出回应。直到1982年,在《基本自由及其优先性》这篇文章中,罗尔斯才算是对哈特的挑战进行了正式的回应。④

那么,罗尔斯对自由及其优先性的最初解释是什么?哈特如何评论罗尔斯的自由观及自由优先性问题?罗尔斯又如何回应哈特的批评?学界对此展开了不同程度的探讨。⑤ 本文试图清晰而详细地呈现罗尔斯与哈特之间关于基本自由及其优先性问题的对话。本文首先介绍罗尔斯最初对自由及其优先性的叙述,接着分析哈特如何批评罗尔斯对自由及其优先性的解释,然后阐述罗尔斯如何应对哈特的批评,最后对罗尔斯的进一步解释进行分析考察和批判。

---

① BARRY B. John Rawls and the Priority of Liberty[J]. Philosophy & Public Affair, 1973, 2(3): 274-290; DEMARCO J P, RICHMOND S A. A Note on the Priority of Liberty [J]. Ethics, 1977, 87(3): 272-275; HART H L A. Rawls on Liberty and Its Priority [J]. The University of Chicago Law Review, 1973, 40(3): 534-555. 另参阅 FULLINWIDER R K. Bibliography: A Chronological Bibliography of Works on John Rawls' Theory of Justice[J]. Political Theory, 1977, 5(4): 561-570.
② 弗雷曼.罗尔斯[M].张国清,译.北京:华夏出版社,2013:86.
③ HART H L A. Rawls on Liberty and Its Priority[J]. The University of Chicago Law Review, 1973, 40(3): 534-555. 中译本见:哈特.法理学与哲学论文集[C].支振锋,译.北京:法律出版社,2005:236-260,259.
④ RAWLS J. The Basic Liberties and Their Priority[M]//MCMURRIN S M, ed. The Tanner Lectures on Human Values, III. Cambridge: Cambridge University Press, 1982: 1-87. 此文后来收录于《政治自由主义》中。中译文见:罗尔斯.政治自由主义[M].万俊人,译.南京:译林出版社,2011:268-342.
⑤ 杨玉成.罗尔斯[M].昆明:云南教育出版社,2011:111-112; HITTINGER R. John Rawls: Political Liberalism[J]. The Review of Metaphysics, 1994, 47(3): 585-602; 川本隆史.罗尔斯:正义原理[M].詹献斌,译.石家庄:河北教育出版社,2001:160-162.

施特劳斯的诠释学创新

一、罗尔斯对自由及其优先性的最初解释

在罗尔斯看来,对正义问题的探讨,必涉及自由问题。因此,在《正义论》(1971)第四章"平等的自由"中,罗尔斯着重探讨了基本自由及其优先性问题。罗尔斯首先明确,自由就是"这个或那个人(或一些人)自由地(或不自由地)免除这种或那种限制(或一组限制)而这样做(或不这样做)"①。罗尔斯表示,首先,各种基本自由必须被看成是一个整体或一个体系。② 这也就意味着,对于某种基本自由而言,其价值依赖于整体的自由体系,而不能单独存在。一旦脱离整体的自由体系,单一的基本自由就无法得到实现。其次,虽然平等的自由可能受到限制,但限制这些自由时,仍要服从平等和广泛两大正义原则。如果对自由进行限制时违背了平等原则或广泛原则,那么这样的限制就是不正当的。最后,应该对自由和自由的价值进行区分。罗尔斯解释道,被贫穷、无知和缺乏等情形所影响的是自由的价值,而非自由。"自由表现为平等公民权的整个自由体系;而个人和团体的自由的价值,是与他们在自由体系所规定的框架内促进他们目标的能力成比例的。"③自由这一原则对每个人而言是绝对的,但自由的价值对每个人来说却并不绝对相同。社会正义的目的,正是尽可能地提高平等自由的体系中最少受益者的自由价值。那么,何为自由的优先性?罗尔斯指出,自由的优先性是"平等自由的原则对第二个正义原则的优先"④。用

---

① 由于这里考察罗尔斯最初对自由及其优先性的阐释,因而所考察的文本为1971年版的《正义论》。罗尔斯. 正义论[M]. 何怀宏,等译. 北京:中国社会科学出版社,1988:192. 有关对自由的定义,原文参阅:RAWLS J. A Theory of Justice[M]. Massachusetts:The Belknap Press of Harvard University Press, 1971:202.
② 罗尔斯. 正义论[M]. 何怀宏,等译. 北京:中国社会科学出版社,1988:193.
③ 罗尔斯. 正义论[M]. 何怀宏,等译. 北京:中国社会科学出版社,1988:194.
④ 罗尔斯. 正义论[M]. 何怀宏,等译. 北京:中国社会科学出版社,1988:234. 在《正义论》第2章第11节,罗尔斯将正义的两个原则概括为:第一个原则:每个人对与其他人所拥有的最广泛的基本自由体系相容的类似自由体系都应有一种平等的权利;第二个原则:社会的和经济的不平等应这样安排,使它们被合理地期望适合于每一个人的利益,并且依系于地位和职务向所有人开放(罗尔斯. 正义论[M]. 何怀宏,等译. 北京:中国社会科学出版社,1988:56)。在论述自由的优先性原则时,罗尔斯将第一个原则变为"每个人对与所有人所拥有的最广泛平等的基本自由体系相容的类似自由体系都应有一种平等的权利"(罗尔斯. 正义论[M]. 何怀宏,等译. 北京:中国社会科学出版社,1988:241)。

一句简单的话说就是,先满足自由原则,再考虑其他原则。① 在罗尔斯看来,自由的优先性意味着,自由只能因为自由而被限制。首先,当各种平等的基本自由不够广泛时,需满足整体上的自由,总的来说对代表性公民的自由仍然有利。其次,如果自由不够平等,那就需要让自由较少者的自由也得到较好的保障。也就是说,两个正义原则应以词典式次序排列,自由只能为了自由的缘故而被限制。这有两种情况:一种不够广泛的自由必须加强由所有人分享的完整自由体系,一种不够平等的自由必须可以为那些拥有较少自由的公民所接受。

罗尔斯进一步表示,只有在两种情况下,自由的不广泛或不平等才可以得到辩护,或自由才可以有所限制。第一,自由被自然界和人类生活中的偶发事件或历史和社会的偶然因素所限制。此时,处理问题的方式在于寻找正义的途径来处理偶发事件或偶然因素造成的既定限制。第二,社会安排或个体行为中已经存在不正义。在这样的情况下,解决问题的关键仍然在于寻找正义的方式来应对不正义。也就是说,在这两种情况下,解决问题的关键都在于寻求正义。但问题就来了,人会寻求正义吗?或者说,人是否总是倾向于寻求正义,寻求正义是否为人的本性所在?罗尔斯当初假设,严格服从是原初状态的规定之一,且选择两个正义原则的基础是假定正义原则被普遍服从。根据这样的假设,人们根据两个正义原则的次序先确定完善正义的体系,再在正义体系的基础上确定社会生活的目标。但假设并不一定成为现实。因此,针对上述这两种情况,罗尔斯思考,如何把这些原则较好地运用到实际中去。罗尔斯并没有立即展开讨论,而是先根据直觉观念对正义理论的功能进行了思考。根据直觉观念,正义理论被分成理想和非理想部分。理想部分假设正义原则得到严格服从,一个良序社会的建构原则得以明确。根据这一原则,人们形成了使社会结构愈加正义这一观念,并且每个人对个人义务和责任也有所认识。非理想部分是当理想的正义观被采纳之后,人们对这一原则产生了犹豫,在不太幸运的条件下思考该采取哪个原则。罗尔斯后来论述自

---

① 此时,罗尔斯尚未考虑正当对善的优先性,或公平机会对差别原则的优先性。

由的优先性的基础时对上述分析进行了总结。罗尔斯认为,"两条原则的词典式顺序是人们在合理的有利条件下一致地追求一般正义观念的恒久倾向"①。这也就意味着,寻求正义是必然,人不可能抛弃对正义的追求,因而也就不可能使不广泛或不平等的自由得到辩护。罗尔斯以此表明,虽然正义原则是一种理想状态的理论,但它和人们的日常正义信念普遍相关。②

在探讨自由及其优先性原则时,罗尔斯始终紧扣正义这个原则,并表明,由于人的一般正义观念,人总是倾向于坚持正义的两个原则。但这样的论证并不充分,并不足以证明自由为何具有优先性或者说正义乃人的自然倾向。为了论证自由的优先性,罗尔斯给出了两大依据。③ 罗尔斯给出的第一条依据是,无知之幕导致各方同意平等的自由原则。④ 在《正义论》接近尾声的时候,也就是在最后一章的倒数第六节(第82节),罗尔斯提供了更为一般性的第二条依据,第二条依据与自尊有关。在罗尔斯看来,自尊是主要的基本善,在一个公正的社会中,自尊的基础是"由社会肯定的基本权利和自由的分配",只有平等地分配公民的基本权利和自由,才能保证公民的自尊不被伤害,简而言之,"每个人的平等公民地位保障着人们的自尊"⑤。鉴于这两条依据,罗尔斯表明,寻求正义乃人的自然倾向。

二、哈特的批评

作为一位法理学家,一位法律人士,哈特较为关注自由以及对自由的

---

① 罗尔斯. 正义论[M]. 何怀宏,等译. 北京:中国社会科学出版社,1988:529.
② 罗尔斯. 正义论[M]. 何怀宏,等译. 北京:中国社会科学出版社,1988:237.
③ 在"Rawl's Defense of the Priority of Liberty: A Kantian Reconstruction"一文中,泰勒(Robert S. Taylor)认为罗尔斯对自由的优先性提供了三条依据,分别是自尊依据(Self-Respect Argument)、平等的良心自由依据(Equal Liberty of Conscience Argument)和阶级依据(Hierarchy Argument)。这一总结大抵有失偏颇,因为第一条依据和第三条依据具有重叠之处。而且,在《正义论》第82节,罗尔斯也说过,"其中的一个原因我已在讨论良心的自由和思想的自由时指出过,第二个原因是自尊的基本善具有中心地位……"(罗尔斯. 正义论[M]. 何怀宏,等译. 北京:中国社会科学出版社,1988:530)。
④ 罗尔斯. 正义论[M]. 何怀宏,等译. 北京:中国社会科学出版社,1988:196-197.
⑤ 罗尔斯. 正义论[M]. 何怀宏,等译. 北京:中国社会科学出版社,1988:532.

限制是否正义问题。在《罗尔斯论自由及其优先性》一文中,哈特开门见山地指出,他并不想为这本重要而有趣的著作提供一个一般性的评价,而只打算涉及罗尔斯对正义与自由之关系的论述。① 哈特也希望,他所批评的方面"能促使罗尔斯(在以后的修订版本中)多少做些解释"。②

哈特首先对罗尔斯的"主体思想"(main idea)进行了评述。哈特看到,罗尔斯主体思想的独特之处在于,正义原则并不是建立在直觉主义、功利主义或目的论的基础之上。相反,正义原则是无知之幕中自由理性的人认为他们应该采取的原则。对于罗尔斯所谓的原初状态的人倾向于选择正义的两个原则,哈特并无异议。但哈特发现,问题在于,罗尔斯发生了一个大的转变,从主体思想转到了正义的"一般形式"(general form)或"一般观念"(general conception)。哈特指出,由于正义的"一般观念"是指"所有社会价值——自由或机会、收入或财富及自我尊重之基础,都应该平等分配,除非对其中的一种价值或所有价值的不平等分配合乎每一个人的利益"③,因而上述的一般正义观念(general conception of justice)只涉及自由的平等分配,但在《正义论》的很多地方,罗尔斯对一般正义观念的解释却既包括自由的平等分配,又包括自由的最大化。

其次,哈特指出,罗尔斯阐释最大平等的自由原则时,使用概括性术语来讨论自由原则。但对这一原则进行具体解释时,指涉的却不是概念性的自由,而是基本或最重要的自由,且是得到法律的认可和保护的自由。简言之,罗尔斯用高度概括性的术语来阐释最大平等的自由原则,但用某些特定的基本自由来解释这一原则。在哈特看来,这意味着罗尔斯不再坚持概括性的理论。此外,哈特还发现,罗尔斯通过对财产权的阐释赋予平等以新的含义,而根据这种平等,自由和自由价值是两个不同的概念,但罗尔斯将最大平等的自由原则及其优先性规则限制在基本自由的范围之内。根据这些发现,哈特认为罗尔斯一方面通过具体的基本自由

---

① 哈特. 法理学与哲学论文集[C]. 支振锋,译. 北京:法律出版社,2005:236.
② 哈特. 法理学与哲学论文集[C]. 支振锋,译. 北京:法律出版社,2005:237.
③ RAWLS J. A Theory of Justice[M]. Massachusetts:The Belknap Press of Harvard University Press,1971:62.

来阐述最大平等的自由原则,另一方面却并没有提供一份自由清单。因此,哈特认为罗尔斯在阐释最大平等的自由原则时有必要列举基本自由。

接下来,哈特对罗尔斯在"自由只能为自由本身的缘故而被限制"这一原则上的解释感到大为不解。哈特提问:"这是不是说还存在适用于非基本自由的另一套原则?"①哈特看到,在罗尔斯的理论中,原初状态中的各方先选择正义原则作为规范标准,这些标准衍生出自然义务和责任,人们再根据这些自然义务和责任确定个人行为标准。也就是说,人们先选择正义标准作为规范标准,再根据既定规范制度确定个人行为标准。这在罗尔斯看来是前后一致、相互衔接的,但哈特问道:正义原则和个人行为标准如何衔接?

然后,哈特接下来讨论用什么来限制自由的问题。他评论了罗尔斯所列举的例子:在辩论中引入秩序规则以限制发言的自由,征召兵役以捍卫自由制度。对于第一个例子,哈特提出,确定不同自由之价值的标准必须能用来解决各种自由之间的冲突,而不是像罗尔斯认为的那样,基本自由体系是自足的,解决或调整自由之间的冲突时只需求助于自由,而无须诉诸任何其他价值。②在第二个例子中,罗尔斯认为在解决冲突的过程中会产生更大或范围更广的自由观念。但哈特非常不同意这种看法。哈特认为,解决自由的冲突必定会考虑到不同行为模式的相对价值,而不仅仅是自由的范围与数量。即使可以求助于一种更大的自由,也会遇到该如何衡量或打破之前的平衡的新问题。当自由发生冲突时,罗尔斯认为致力于确保最好完整体系的调整机制会以代表性的平等公民(representative equal citizen)为基点而设立。但在哈特看来,用这一基点解决实际情况中的自由冲突问题时,必须要面对正义的不确定性和不可理解性这两个问题。哈特指出,在罗尔斯的理论中,代表性的平等公民将会做出理性选择,但在实际情况中,人们的价值选择并不相同。鉴于法律需要保护个人自由,因而问题就在于,当人们在某一问题上发生分歧时,法律应该如何处理言论自由和对价值选择进行统一,以获得一种更大的

---

① 哈特.法理学与哲学论文集[C].支振锋,译.北京:法律出版社,2005:245.
② 哈特.法理学与哲学论文集[C].支振锋,译.北京:法律出版社,2005:247.

自由。哈特说道:"何种论据可以表明其理性偏好是什么,这种偏好又在何种程度上可以带来一种更大的自由。"①第二个问题是正义的不可理解性。当自由发生冲突时,需要考虑具体的解决方案。在这样的情况下,所要考虑的就不仅仅是自由价值,而需要考虑其他价值。这也就意味着,代表性的平等公民应该思考何种选择方案才是理性的选择。

尔后,哈特所关注的问题是,根据自由只能因自由而被限制的原则,是否可以为了防止伤害或痛苦而限制自由。限制私人财产自由等基本自由,通常被视为用一定的自由交换更大程度的保护。哈特设想罗尔斯或许可以通过两种方式来弥补这一裂缝。第一,罗尔斯可能会证明,当不受限制的自由对他人施加伤害或苦难时,实际上是在限制受害者的行动自由。但哈特认为,这种论证只在受害者身体受到严重损伤的情况下才成立,否则就难以令人信服。第二,罗尔斯或许也会考虑自然义务,理性人会通过权衡利弊而选择履行自然义务。但哈特认为,如果罗尔斯是指可以为了防止自然义务受到侵害而限制基本自由,那么完全可以说自然义务有可能弥补自由只能因自由而被限制这一原则所带来的裂缝。但哈特认为,罗尔斯应该不希望仅仅通过对正义原则来进行补充,不会认为为了防止侵害自然义务或其他道德要求而可以限制自由,因为一旦如此,就会与其理论中的自由主义背道而驰。

在哈特看来,对罗尔斯的批评的最重要方面是基本自由的选择问题。哈特指出,不管人们是不是根据个人利益选择自由,一般而言,任何特定的自由选择都需满足下列标准,即一个人行使这种自由所带来的利会大于别人行使该自由对他而言的弊,但罗尔斯的著作并没有充分认识到这种利弊权衡的必要性。② 罗尔斯遮蔽了各种不同的利弊权衡,在探讨各自由之间的冲突或自然义务理论时一直都坚持自由只能因自由而被限制,且解决冲突时只能去关注自由的程度和数量。然后就是自由优先性问题。哈特认为罗尔斯对自由优先性的主张具有明显的独断性。当罗尔斯将自由的优先性刻画成原初状态的各方在无知之幕后根据利益必须做

---

① 哈特.法理学与哲学论文集[C].支振锋,译.北京:法律出版社,2005:250.
② 哈特.法理学与哲学论文集[C].支振锋,译.北京:法律出版社,2005:255.

出的理性选择时,罗尔斯其实表露了自己的潜在理想。罗尔斯理想地认为,有公德心的人会高度评价参与政治活动和服务他人的行为,并将此看作是生活中主要善的一部分,而仅仅为了换取物质利益和享受而牺牲参与政治活动和服务他人的机会是不可容忍的。[①] 哈特认为,虽然罗尔斯自己声称自由的优先性原则是基于利益而非理想,但这一观点却具有强烈的理想主义色彩,鉴于这种强烈的理想主义色彩,哈特认为罗尔斯并没有成功地论证优先性原则。

三、罗尔斯的回应

针对哈特的评论,罗尔斯反思了基本自由概念及自由的优先性原则问题。在1975年的修订版中,罗尔斯对相关内容进行了修改。但针对哈特的批评,最明显的回应是在《基本自由及其优先性》一文中。下面就以《基本自由及其优先性》为主要参照来分析罗尔斯对哈特的回应。

在《基本自由及其优先性》中,罗尔斯开篇便陈述了哈特的批评:在《正义论》对自由及其优先性的解释的诸种缺陷中,含有两个严重的裂缝。[②] 罗尔斯把哈特的批评总结为两点:一是未能充分说明为何原初状态中各方会采用这些基本自由,又为何会一致同意优先性原则;二是在运用正义原则时,未提供令人满意的标准来进一步具体规定基本自由。罗尔斯在说明如何弥补这两个裂缝之前先进行了预备性解释,即阐释公平正义的初始目的。罗尔斯首先考虑了正义的两个原则。他简短地指出了这两个原则的前后变化。然后,罗尔斯又考虑了第一个原则所涉及的具体基本自由。列举这些具体的基本自由,罗尔斯旨在澄清并不给任何特殊自由以某种特别的优先性。罗尔斯之所以澄清这一点,是为了回应哈特的指责,说明哈特的指责——罗尔斯似乎是揭示了实体性自由的优先性——有失偏颇。至于如何确定具体的基本自由,罗尔斯认为可以用两

---

① 哈特. 法理学与哲学论文集[C]. 支振锋,译. 北京:法律出版社,2005:259.
② 罗尔斯. 政治自由主义[M]. 万俊人,译. 南京:译林出版社,2011:268.

种方式开出清单。方法之一是历史性的,即纵观各国的法律,然后一一列举得到正常保护的自由,再考察这些自由所发挥的作用。方法之二是考察性的,即查看哪些自由是两种道德人格能力进行生活实践的社会条件。这种考虑就联结了公平正义中所涉及的个人观念和基本自由。最后关涉对自由清单的使用问题。罗尔斯认为,个人观念足以推导出正义原则,人们无须根据任何计算来采纳正义原则,公平正义的初始目的仅仅是想表明,人们通过其他的传统选择方式也会采用正义原则。

在这些预备性解释的基础上,罗尔斯从阐释基本自由的特征及其优先性开始论证。罗尔斯表示,对自由优先性的考虑要注意以下四点。第一,根据正义第一原则,基本自由被赋予一种特殊地位,它不能被其他社会或经济考量所僭越。第二,在具体的实践过程中,当某一自由体系中的各基本自由相互冲突时,一种基本自由只能因另外的基本自由而被限制或否定,且决定最终情况的是该自由体系所体现的自由图式。第三,解决自由冲突有两种不同的途径,分别是限制(restriction)和管制(regulation)。对自由的管制并不是对自由的限制。当自由受到管制时,它们并未被侵犯。正是在这个意义上,罗尔斯认为,为实现正义原则,有必要提供应用基本自由的中心范围,对某些具体自由进行管制时,尽量不触及每种基本自由的中心应用范围。第四,自由的优先性并不是在所有条件下都应得到满足,只是在合理有利的条件下需要采用正义原则,且每个国家的社会文化传统、制度及经济发展水平决定了具体的合理有利的条件。基于对自由优先性问题的考虑,罗尔斯认为,可以通过求助一个总的基本自由图式来解决基本自由诸问题,且这种切实可行的自由图式具有两大特征,一是每一种基本自由都有所谓的中心应用范围,二是各种基本自由相互兼容。可以发现,罗尔斯的图式思路较好地回答了哈特的疑问。但也正是求助于一个总的图式,因而罗尔斯只是粗略而言基本自由,并未提供一份可以直接应用于法律实践的具体自由清单。

然后,罗尔斯考虑了哈特所批评的第一个裂缝。为弥补这一裂缝,罗尔斯引入了个人观念和社会合作观念。罗尔斯认为,个人观念从一开始便是政治和社会正义观的一部分,是个人在特定的政治和社会关系中看待他人和自己的方式。至于社会合作,罗尔斯认为其目的总是互惠互利。这一目的意味着它包含了以下两部分:一是各方都接受的公平合作条款;二是各方都具备的理性优势。人天生就有合作倾向。对于社会合作,人们别无选择,否则,生活于同一社会中的人不是仇视抱怨,就是相互抵制。因此,社会合作这一事实几乎毋庸置疑。在罗尔斯看来,一旦承认社会合作的事实,就等于是承认了社会中的个体具有两种道德人格能力,一种是获得正当感和正义感的能力,一种是形成善观念的能力。只有具备这两种能力,才能理解并运用正义原则,并愿意用正义原则来行动。也就是,这两种道德能力是政治正义社会的成员所必须具备、也应该具备的能力。同时,只要参与社会合作的人尊重并坚持这两种能力,就可以被视为政治正义社会的平等公民。因此,公平的社会合作即是平等公民愿意终生与其他平等公民进行真诚的合作。这也就意味着,对具体基本自由的确定、对自由优先性的规定也属于社会公平合作项目,因为确定基本自由和规定自由优先性都涉及人们是否愿意以某种自由图式进行合作。到这里为止,罗尔斯只是对个人观念、社会合作的条件以及社会合作对个人的要求进行了阐释,同时论证了基本自由及其优先性是社会合作公平条款之一,但还没有阐释个人为何会选择通过正义原则进行社会合作。为此,罗尔斯简短地解释了原初状态的作用及其塑造个人观念的方式。其主要思路是,原初状态用某些具体的正义原则联结了个人观念和社会合作观念,这些正义原则正是上面所说的社会合作公平条款。原初状态中的人具有两种能力,理性的能力和合理的能力,也就是上述两种道德人格能力。当这两种能力与人们应对各种约束的态度相挂钩时,便表现为充分自律和合理自律。在原初状态中,由于各方只是根据个人的理性进行判断,因而实现的是合理自律。因此,实际上是用各方合理自律的思考来挑选给定的社会合作公平条款。

那么,原始状态中各方行为的驱动原因或驱动力是什么?作为公民代表,各方当然是为了履行他们的责任,并尽最大可能优化所代表群体的利益。但是,在无知之幕下,他们并不知晓自己的利益所在。因此,罗尔斯引入了首要善(primary goods)的观念。在《正义论》中,罗尔斯列举了五种首要善,并且解释了它们为何是首要善。在这份善的清单中,基本自由被列为首要善。为何基本自由是首要善?且为何这些自由的原则优先于正义第二原则?罗尔斯以良心自由为例进行了解释。首先,善观念是既定的,且具有坚实根基。由于善观念是多元的,且每一个善观念都似乎是不可协商、不可妥协的,因而各方尊重每一种善观念。因此,他们所采取的是能够保证良心自由的平等正义原则,且这种正义原则被作为无知之幕之后的唯一原则。其次,由于善观念被看作是需要用慎思理性来进行修正的观念,因而必须确保良心自由,否则善观念就无法得到修正。这也就意味着,自由需得到保障。最后,为了保证各种善观念的可行性并被充分地实践,良心自由必须得到保障。这也就意味着,自由是首要善,只有在自由的基础上,其他的善才能得以实现。何况在无知之幕中,人并无利益观念,人总是趋于善。从这两方面来说,作为首要善的自由都是人的必然选择。况且,由于人们的社会合作需要正义,因而人们为了使社会合作继续存在,也要求确保自由及其优先性。

通过阐释制定具体自由和确定自由优先性是一种基于正义原则的社会公平合作,再引入首要善的观念进而论证自由是首要善,罗尔斯大抵证明了自由的优先性。在此之外,罗尔斯还对个体如何决定善观念进行了补充说明。罗尔斯提供了三种依据。第一个依据是,在公正而稳定的合作图式中,每一个人形成善观念具有重大好处,且最稳定的正义观念是被正义的两原则所具体化了的原则。第二个根据是自尊所具有的重要性。如果基本自由有力地帮助人们树立自尊,那么人们就会选择基本自由。又因为只有正义的两原则才能保证基本自由,那么各方就有理由采用正义的两原则。第三个根据是由正义两原则组织起来的社会更为有利。不过,在哈特看来,罗尔斯的这种论证不够成功。在罗尔斯的解释中,原初状态中各方采取正义原则似乎具有必然性和合理性,罗尔斯的解释具有一种先入为主的色彩,似乎是假定了这种必然性和合理性,然后再去寻找可以证明假定成立的证据。

结语

面对哈特的批评,罗尔斯承认《正义论》中关于基本自由及其优先性的论证不能令人信服。因此,在《基本自由及其优先性》一文中,罗尔斯结合哈特的疑问,对基本自由及其优先性进行了再次论证。总的说来,通过引入个人观念和社会合作观念,罗尔斯首先从理论上论证了原初状态中的各方之所以会坚持正义原则,是因为这有助于良序社会的建立。然后,罗尔斯又引入了首要善的观念,并论证自由是首要善,且坚持自由优先性原则有助于实践正义原则。至于哈特所提出的第二个裂缝,罗尔斯并没有回答,而只是解释了根据自由图式调整规定具体自由的必要性,却没有论述运用正义原则时如何具体地规定基本自由。因此,对哈特所提出的第一个裂缝,罗尔斯从理论上进行了回答,但对于第二个裂缝,罗尔斯并没有回答。可以说,罗尔斯更加关注对自由及其优先性的理论式论证,但哈特更为关注如何在法律实践中解决关涉自由的诸问题。

从《基本自由及其优先性》来看,罗尔斯对自由及其优先性的论证或许再次不能让哈特觉得满意。罗尔斯所有的论证的出发点都在于人是"自由、平等的理性存在物"[①]。在对自由及其优先性的最初解释中,罗尔斯从这个康德式的个人观念出发,认为公正的行为是作为自由平等的理性存在物乐于去做的行为。罗尔斯理想地认为,"为了实现我们的本性,我们别无选择……只能准备保持我们的正义感,并使之调节我们的其他目标"[②]。对于罗尔斯的这一逻辑,弗雷曼有过一段精彩的评论:"各方为什么在原初状态下给予基本自由以优先性,因为这些自由是个体理性自主的本质条件,也是个体制订同其特殊个性和能力相匹配的人生规划的本质条件。"[③]在《基本自由及其优先性》中,罗尔斯的论证不再依赖康德

---

① 罗尔斯.正义论[M].何怀宏,等译.北京:中国社会科学出版社,1988:242.
② 罗尔斯.正义论[M].何怀宏,等译.北京:中国社会科学出版社,1988:561.
③ 弗雷曼.罗尔斯[M].张国清,译.北京:华夏出版社,2013:79.

式的个人观念,但上述信念式的理想仍然依稀可见,罗尔斯只不过是把康德式的个人转换成了富有正义感和公共精神的公民。从这种意义上说,虽然罗尔斯在第二次论证中从理论上弥补了哈特所提出的第一个裂缝,但哈特或许仍然可以批评这篇文章中存在着罗尔斯的理想主义。但罗尔斯却一再声称,"对自由之优先性的论证意在依赖各种利益,而非理想"[1]。或许,只有从收录了《基本自由及其优先性》这篇文章的著作《政治自由主义》这本书中,罗尔斯的上述声明才会令人信服。在这本著作中,罗尔斯结合实际案件对公共理性进行了讨论,并且改正了之前的观点,认为"在公平正义中,原初状态的各方在采用基本结构之正义原则时,必须同时采用那些应用这些规范的公共理性指南和标准。"[2]罗尔斯缩小了"自由只能因自由之故而被限制"的范围。更具体地说,在罗尔斯后来的自由优先性原则中,某些基本自由可以因违反公共理性标准而受到限制。从这个意义上说,至少罗尔斯的论证不能再被认为是独断的或教条的,罗尔斯也部分地弥补了哈特所提出的第二个裂缝。

---

[1] 罗尔斯.政治自由主义[M].万俊人,译.南京:译林出版社,2011:391.
[2] 罗尔斯.政治自由主义[M].万俊人,译.南京:译林出版社,2011:239.

参 考 文 献

中文文献

[1] 巴特.罗马书释义[M].魏育青,译.上海:华东师范大学出版社,2005.

[2] 保罗·利科.诠释学与人文科学[M].孔明安,等译.北京:中国人民大学出版社,2011.

[3] 伯格.走向古典诗学之路:相遇与反思:与伯纳德特聚谈[M].肖涧,译.北京:华夏出版社,2007.

[4] 博纳科夫.《堂吉诃德》讲稿[M].金绍禹,译.上海:上海三联书店,2007.

[5] 柏克.法国革命论[M].何兆武,等译.北京:商务印书馆,1998.

[6] 陈建洪.论施特劳斯[M].上海:华东师范大学出版社,2015.

[7] 川本隆史.罗尔斯:正义原理[M].詹献斌,译.石家庄:河北教育出版社,2001.

[8] 段义孚.恋地情结[M].志丞,刘苏译.北京:商务印书馆,2019.

[9] 弗雷曼.罗尔斯[M].张国清,译.北京:华夏出版社,2013.

[10] 高山奎.隐匿的交锋:试论柯亨与施特劳斯对斯宾诺莎的不同评价[J].基督教学术,2017,17(1):262-283.

[11] 高山奎.略论"西学中国化"进程中的"施特劳斯热"及其思想论争[J].现代外国哲学,2020(1):260-271.

[12] 哈特.法理学与哲学论文集[C].支振锋,译.北京:法律出版社,2005.

[13] 韩东晖.当代西方斯宾诺莎哲学研究述要[J].哲学动态,2003(7):31-35.

[14] 韩潮.霍布斯笔下的修昔底德:塔西佗主义、国家理性与霍布斯的转捩点[J].复旦政治学评论,2017(1):248-276.

[15] 黑格尔.哲学史讲演录:第2卷[M].贺麟,王太庆,译.北京:商务印书馆,1983.

[16] 贺晴川.哲学的马基雅维利主义:重审斯宾诺莎的政治哲学[J].世界哲学,2019(3):68-76.

[17] 洪汉鼎.理解与解释:诠释学经典文选[M].北京:东方出版社,2001.

[18] 洪汉鼎.诠释学:它的历史和当代发展[M].北京:中国人民大学出版社,2018.

[19] 洪汉鼎.斯宾诺莎哲学研究[M].北京:人民出版社,1997.

[20] 霍布斯.利维坦[M].黎思复,黎廷弼,译,北京:商务印书馆,1986.

[21] 霍布斯.利维坦[M].黎思复,黎廷弼,译.北京:商务印书馆,2008.

[22] 霍布斯.论公民(剑桥政治思想史原著系列影印本)[M].北京:中国政法大学出版社,2003.

[23] 霍布斯.论公民[M].应星,冯克利,译.贵阳:贵州人民出版社,2002.

[24] 康德.纯粹理性批判[M].第二版.李秋零,译.北京:中国人民大学出版社,2004.

[25] 柯林伍德,历史的观念[M].何兆武,张文杰,译.北京:商务印书馆,1997.

[26] 卢克莱修.物性论[M].方书春,译.北京:商务印书馆,1981.

[27] 罗尔斯.正义论[M].何怀宏,等译.北京:中国社会科学出版社,2009.

[28] 罗尔斯.政治自由主义[M].万俊人,译.南京:译林出版社,2011.

[29] 迈蒙尼德.迷途指津[M].傅有德,郭鹏,张志平,译.济南:山东大学出版社,1998.

[30] 帕尔默.诠释学[M].潘德荣,译.北京:商务印书馆,2014.

[31] 潘德荣.西方诠释学史[M].北京:北京大学出版社,2016.

[32] 塞万提斯.堂吉诃德[M].杨绛,译.北京:人民文学出版社,1978.

[33] 色诺芬.长征记[M].崔金戎,译.北京:商务印书馆,1997.

[34] 色诺芬.回忆苏格拉底[M].吴永泉,译.北京:商务印书馆,2016.

[35] 施特劳斯.柏拉图式政治哲学研究[M].张缨,等译.北京:华夏出版社,2012.

[36] 施特劳斯.从德性到自由:孟德斯鸠《论法的精神》讲梳[M].潘戈,编.黄涛,译.上海:华东师范大学出版社,2017.

[37] 施特劳斯.关于马基雅维里的思考[M].申彤,译.南京:译林出版社,2003.

[38] 施特劳斯.古典政治理性主义的重生[M].潘戈,编.郭振华,等译.北京:华夏出版社,2011.

[39] 施特劳斯.古今自由主义.马志娟,译.南京:江苏人民出版社,2012.

[40] 施特劳斯等.回归古典政治哲学:施特劳斯通信集[M].迈尔,编.朱雁冰,何鸿藻,译.北京:华夏出版社,2006.

[41] 施特劳斯.霍布斯的政治哲学[M].申彤,译.南京:译林出版社,2012.

[42] 施特劳斯.霍布斯的宗教批判[M].杨丽,等译.北京:华夏出版社,2012.

[43] 施特劳斯.迫害与写作艺术[M].刘锋,译,北京:华夏出版社,2012.

[44] 施特劳斯.什么是政治哲学[M].李世祥,等译.北京:华夏出版社,2011.

[45] 施特劳斯.苏格拉底问题与现代性:施特劳斯讲演与论文集:卷二[C].刘小枫,编.刘振,彭磊,等译.北京:华夏出版社,2016.

[46] 施特劳斯.犹太哲人与启蒙:施特劳斯讲演与论文集:卷一[C].刘小枫,编.张缨,等译.北京:华夏出版社,2010.

[47] 施特劳斯.哲学与律法:论迈蒙尼德及其先驱[M].黄瑞成,译.北

京：华夏出版社,2012.

[48] 施特劳斯.自然权利与历史[M].上海：生活·读书·新知三联书店,2006.

[49] 斯宾诺莎.斯宾诺莎文集：第3卷：神学政治论[M].温锡增,译.北京：商务印书馆,2014.

[50] 宋继杰.柏拉图《克拉底鲁篇》中的"人为—自然"之辨[J].世界哲学,2014(6)：5-17.

[51] 屠格涅夫.屠格涅夫全集：第11卷[M].石家庄：河北教育出版社,2000.

[52] 吴冠军.日常现实的变态核心[M].北京：新星出版社,2006.

[53] 修昔底德.伯罗奔尼撒战争史[M].谢德风,译.北京：商务印书馆,2017.

[54] 亚伯拉罕·科恩.大众塔木德[M].盖逊,译.北京：商务印书馆,2022.

[55] 杨玉成.罗尔斯[M].昆明：云南教育出版社,2011.

[56] 张江."阐""诠"辨：阐释的公共性讨论之一[J].哲学研究,2017(12)：12-25.

外文文献

[1] BARBARUK M. The Long Shadow of Don Quixote[M]. PONIATOWSKA P, trans. New York：Peter Lang，2015.

[2] BARRY B. John Rawls and the Priority of Liberty[J]. Philosophy & Public Affair, 1973, 2(3)：274-290.

[3] BLAU A. Anti-Strauss[J]. The Journal of Politics,2012,74(1)：142-144.

[4] BLOOM A. Leo Strauss[J]. Political Theory, 1974, 2(4)：372-392.

[5] BRUNT P A. Review: Greek Politics[J]. The Classical Review, 1959, 9(2): 149-153.

[6] BUXBAUM Y. The Life and Teachings of Hillel[M]. Maryland: Rowman & Littlefield Publishers, Inc., 2008.

[7] CANTOR P A. Leo Strauss and Contemporary Hermeneutics[C]//UDOFF A, ed. Leo Strauss's Thought: Toward a Critical Engagement. Boulder: Lynne Rienner Publishers, 1991: 267-314.

[8] CORNFORD F M. Thucydides Mythistoricus[M]. London: Edward Arnold, 1907.

[9] DEFOE D. Robinson Crusoe[M]. New York: Oxford University Press, 2007.

[10] DELEUZE G, GUATTARI F. What is Philosophy?[M]. TOMLINSON H, BURCHELL G, trans. New York: Columbia University Press, 1994.

[11] DEMARCO J P, RICHMOND S A. A Note on the Priority of Liberty[J]. Ethics, 1977, 87(3): 272-275.

[12] DE ROMILLY J. Thucydides and Athenian Imperialism[M]. THODY P, ed. Oxford: Blackwell, 1963.

[13] DILTHEY W. The Rise of Hermeneutics[M]//DILTHEY W. Hermeneutics and the Study of History. Wilhelm Dilthey Selected Works, Volume IV. MAKKREEL R A, RODI F, eds. Princeton: Princeton University Press, 1996.

[14] DRURY S B. The Esoteric Philosophy of Leo Strauss[J]. Political Theory, 1985, 13(3): 315-337.

[15] FEUER L S. Spinoza and the Rise of Liberalism[M]. New York: Routledge, 2017.

[16] FORSTER E, MELAMED Y Y, eds. Spinoza and German Idealism[C]. New York: Cambridge University Press, 2012.

[17] FULLINWIDER R K. Bibliography: A Chronological Bibliography

of Works on John Rawls' Theory of Justice[J]. Political Theory, 1977, 5(4): 561-570.

[18] GADAMER H G. Truth and Method[M]. WEINSHEIMER J, MARSHALL D, trans. London: Continuum, 2004.

[19] GAUTHIER D P. The Logic of Leviathan: The Moral and Political Theory of Thomas Hobbes[M]. Oxford: The Clarendon Press, 2000.

[20] GIORGINI M A. The Quixiote Code: Reading Between the Lines of the Cervantes Novel[D]. West Lafayette: Purdue University, 2014.

[21] GREEN A. A Portrait of Spinoza as a Maimonidean Reconsidered [J]. Shofar, 2015, 34(1): 81-106.

[22] GREENE R A. Thomas Hobbes and the Term "Right Reason": Participation to Calculation[J]. History of European Ideas, 2015, 41(8): 997-1028.

[23] GRENE D. Greek Political Theory: The Image of Man in Thucydides and Plato[M]. Chicago: Phoenix Books, 1965.

[24] GUTHRIE W K C. A History of Greek Philosophy [M]. London: Cambridge University Press, 1977.

[25] HART H L A. Rawls on Liberty and Its Priority[J]. The University of Chicago Law Review, 1973, 40(3): 534-555.

[26] HAVELOCK E A. The Liberal Temper in Greek Politics[M]. New Haven: Yale University Press, 1957.

[27] HEIDEGGER M. Contributions to Philosophy (From Enowning) [M]. EMAD P, MALY K, trans. Bloomington: Indiana University Press, 1989.

[28] HIRSCH E D, Jr. Validity in Interpretation[M]. New Haven: Yale University Press, 1967.

[29] HITTINGER R. John Rawls: Political Liberalism[J]. The Review

of Metaphysics, 1994, 47(3): 585 - 602.

[30] HOBBES T. Human Nature & De Corpore Politico[M]//SIR MOLESWORTH W, ed. The English Works of Thomas Hobbes of Malmesbury. Vol, 4. London: John Bohn, 1840: 1 - 228.

[31] HOBBES T. Leviathan [M]. TUCK R, ed. Cambridge: Cambridge University Press, 1996.

[32] HOLMES S. The Anatomy of Antiliberalism[M]. Cambridge: Harvard University Press, 1993.

[33] ISRAEL J I. Radical Enlightenment: Philosophy and the Making of Modernity 1650 - 1750[M]. New York: Oxford University Press Inc., 2001.

[34] KAVKA G S. Right Reason and Natural Law in Hobbes's Ethics [J]. The Monist, Right Reason in Western Ethics, 1983, 66(1): 120 - 133.

[35] KOJEVE A. The Emperor Julian and His Art of Writing[C]// CROPSEY J, ed. Ancients and Moderns: Essays on the Tradition of Political Philosophy in Honor of Leo Strauss. NICHOLS J H, Jr, trans. New York: Basic Books, 1964: 95 - 113.

[36] KRAEMER J L. The Death of an Orientalist: Paul Kraus from Prague to Cairo[C]//KRAMER M, ed. The Jewish Discovery of Islam: Study in Honor of Bernard Lewis. Israel: Tel Aviv University, 1999: 181 - 225.

[37] LAMPERT L. How Philosophy Became Socratic: A Study of Plato's Protagoras, Charmides, and Republic[M]. Chicago: The University of Chicago Press, 2010.

[38] LAUTERBACH J Z, ed. Mekhilta de-Rabbi Ishmael: A Critical Edition[M]. Vol,1. Philadelphia: The Jewish Publication Society, 2004.

[39] LEIBNIZ G. New Essays on Human Understanding [M].

REMNANT P, BENNETT J, trans. & ed. New York: Cambridge University Press, 1996.

[40] MAIMONIDES M. The Guide of the Perplexed[M]. Vol, 1. PINES S, trans. Chicago: The University of Chicago Press, 1963.

[41] MANSFIELD H C, Jr. Strauss' Machiavelli[J]. Political Theory, 1975, 3(4): 372-384.

[42] MELZER A M. Philosophy Between the Lines: the Lost History of Esoteric Writing[M]. Chicago: The University of Chicago Press, 2014.

[43] MOMIGLIANO A. Essays on Ancient and Modern Judaism [M]. BERTI S, ed. MASELLA-GAYLEY M, trans. Chicago: The University of Chicago Press, 1994.

[44] MOORE G F. Judaism: In the First Centuries of the Christian Era: The Age of Tannaim[M]. Vol, 1. Massachusetts: Hendrickson Publishers, 1940.

[45] MUELLER-VOLLMER K, ed. The Hermeneutics Reader[M]. New York: Continuum, 1998.

[46] NADLER S. A Book Forged in Hell: Spinoza's Scandalous Treatise and the Birth of the Secular Age[M]. Princeton: Princeton University Press, 2011.

[47] NADLER S, ed. Spinoza and Medieval Jewish Philosophy[C]. Cambridge: Cambridge University Press, 2014.

[48] NEUSNER J. The Reader's Guide to the Talmud[M]. Leiden/Boston/Köln: Brill, 2001.

[49] OAKESHOTT M. Lectures in the History of Political Thought [M]. NARDIN T, O'SULLIVAN L, eds. Exeter: Imprint Academic, 2006.

[50] PALMER R E. Hermeneutics: Interpretation Theory in

Schleiermacher, Dilthey, Heidegger, and Gadamer [M]. Evanston: Northwestern University Press, 1969.

[51] POCOCK J G A. Prophet and Inquisitor: Or, a Church Built upon Bayonets Cannot Stand: A Comment on Mansfield's "Strauss's Machiavelli"[J]. Political Theory, 1975, 3(4): 385-401.

[52] POLT R. The Emergency of Being: On Heidegger's Contributions to Philosophy[M]. Ithaca: Cornell University Press, 2006.

[53] RAWLS J. A Theory of Justice[M]. Massachusetts: The Belknap Press of Harvard University Press, 1971.

[54] RAWLS J. The Basic Liberties and Their Priority [M]// MCMURRIN S M, ed. The Tanner Lectures on Human Values, III. Cambridge: Cambridge University Press, 1982: 3-87.

[55] RASMUSSEN D M. Mythic-Symbolic Language and Philosophical Anthropology: A Constructive Interpretation of the Thought of Paul Ricœur[M]. The Hague: Martinus Nijhoff, 1971.

[56] SABINE G H. Review: Persecution and the Art of Writing [J]. Ethics, 1953, 63(3): 220-222.

[57] SCHLEIERMACHER F. Hermeneutics and Criticism and Other Writings[M]. BOWIE A, ed. & trans. Cambridge: Cambridge University Press, 1998.

[58] SCHELLING F W J. Bruno or On the Natural and the Divine Principle of Things[M]. BATER M G, trans. Albany: State University of New York Press, 1984.

[59] SCHLATTER R, ed. Hobbes's *Thucydides*[M]. HOBEES T, trans. New Brunswick: Rutgers University Press, 1975.

[60] SCHMITT C. The Concept of the Political[M]. Chicago: The University of Chicago Press, 2007.

[61] SCHOLEM G. On the Kabbalah and Its Symbolism[M]. New York: Schocken Books, 1965.

[62] SCHWARTZ D B. The First Modern Jew: Spinoza and the History of an Image[M]. New Jersey: Princeton University Press, 2012.

[63] SEBELL D. The Socratic Turn: Knowledge of Good and Evil in an Age of Science[M]. Philadelphia: University of Pennsylvania Press, 2016.

[64] SKINNER Q. Meaning and Understanding in the History of Ideas[J]. History and Theory, 1969, 8(1): 3-53.

[65] STEINSALTZ A. The Talmud: The Steinsaltz Edition: A Reference Guide[M]. New York: Random House, 1989.

[66] STRACK H L, STEMBERGER G. Introduction to the Talmud and Midrash[M]. 2nd, ed. BOCKMUEHL M, trans, ed. Minneapolis: Fortress Press, 1996.

[67] STRAUSS L. Hobbes's Critique of Religion[M]. BARTLETT G, MINKOV S, trans. & ed. Chicago: The University of Chicago Press, 2011.

[68] STRAUSS L. Jewish Philosophy and the Crisis of Modernity: Essays and Lectures in Modern Jewish Thought[C]. GREEN K H, ed. Albany: State University of New York Press, 1997.

[69] STRAUSS L. Natural Right and History[M]. Chicago: The University of Chicago Press, 1965.

[70] STRAUSS L. On the Spirit of Hobbes's Political Philosophy[J]. Revue Internationale de Philosophie, 1950, 4(14): 405-431.

[71] STAUSS L. Persecution and the Art of Writing[M]. Chicago: The University of Chicago Press, 1988.

[72] STRAUSS L. Preliminary Observations on the Gods in Thucydides's Work[J]. Interpretation, 1974, 4(1): 1-16.

[73] STRAUSS L. Relativism[C]//SCHOECK H, WIGGINS J W,

eds. Relativism and the Study of Man. Princeton: D. Van Nostrand Company, 1961: 135 – 157.

[74] STRAUSS L. Review on The Hunting of Leviathan: Seventeenth-Century Reactions to the Materialism and Moral Philosophy of Thomas Hobbes[J]. Modern Philosophy, 1965, 62(3): 253 – 255.

[75] STRAUSS L. Socrates and Aristophanes[M]. Chicago: The University of Chicago Press, 1980.

[76] STRAUSS L. Spinoza's Critique of Religion[M]. New York: Schocken Books, 1982.

[77] STRAUSS L. Studies in Platonic Political Philosophy[M]. Chicago: The University of Chicago Press, 1983.

[78] STRAUSS L. The City and Man[M]. Chicago: The University of Chicago Press, 1964.

[79] STRAUSS L. The Early Writings (1921—1932)[C]. ZANK M, ed. Albany: State University of New York Press, 2002.

[80] STRAUSS L. The Literary Character of The Guide for the Perplexed[C]//BARON S W, ed. Essays on Maimonides. New York: Columbia University Press, 1941: 37 – 91.

[81] STRAUSS L. The Political Philosophy of Hobbes: Its Basis and Its Genesis[M]. Chicago: The University of Chicago Press, 1963.

[82] STRAUSS L. The Rebirth of Classical Political Rationalism: An Introduction to the Thought of Leo Strauss[C]. PANGLE T L, ed. Chicago: The University of Chicago Press, 1989.

[83] STRAUSS L. What is Political Philosophy and Other Studies[M]. Chicago: The University of Chicago Press, 1988.

[84] TAYLOR R S. Rawls's Defense of the Priority of Liberty: A Kantian Reconstruction[J]. Philosophy & Public Affairs, 2003,

31(3): 246-271.

[85] The Mishnah[M]. NANBY H, D D, trans. Oxford: Oxford University Press, 1933.

[86] The Sepher Yetzirah: The Book of Formation[M]. WESTCOTT W W, trans. Edmonds: Holmes Publishing Group, 1996.

[87] VAUGHAN F. The Tradition of Political Hedonism: From Hobbes to J. S. Mill[M]. New York: Fordham University Press, 1982.

[88] ZAGORIN P. Thucydides[M]. New Jersey: Princeton University Press, 2008.

[89] ZELLER E. Aristotle and the Earlier Peripatetics [M]. COSTELLOE B, MUIRHEAD J, trans. London: Longmans, Green, and Co., 1897.

[90] ZUCKERT C, ZUCKERT M. Strauss: Hermeneutics or Esotericism? [C]//MALPAS J, GANDER H H, eds. The Routledge Companion to Hermeneutics. New York: Taylor & Francis Group, 2015: 127-136.

[91] ZUCKERT C, ZUCKERT M. The Truth about Leo Strauss [M]. Chicago: The University of Chicago Press, 2006.

后　　记

　　本书是在我博士后出站报告的基础上修改而成,部分章节内容曾在刊物发表。

　　施特劳斯曾表示,他年轻时因为对斯宾诺莎的解读不够字面,而对斯宾诺莎的理解过于字面。几年前出于对这句话的困惑,我开始对施特劳斯隐微说进行研究。出于种种原因,这方面的研究并没有完成。现阶段的研究主要集中于施特劳斯的双重教诲传统重现及相应的诠释学思想,很高兴现阶段的研究成果能够出版。感谢陈建洪教授对此书相关研究的批评和指导。感谢上海大学出版社位雪燕编辑在此书出版过程中付出的辛勤劳动。感谢上海大学马克思主义学院的出版资助。这些年有幸受到多位师友的关心帮助,在此一并诚挚感谢!

　　由于个人水平有限,书中难免有不足之处,恳请各位专家学者不吝指正!

赵柯

2023年12月于上海